刘冰若学术文化集

璧山文史资料特辑

政协重庆市璧山区委员会 编纂
雍湘 傅应明 整理

西南大学出版社
国家一级出版社
全国百佳图书出版单位

图书在版编目(CIP)数据

刘冰若学术文化集/雍湘，傅应明整理.－－重庆：西南大学出版社，2024.7
ISBN 978-7-5697-2309-0

Ⅰ.①刘… Ⅱ.①雍… ②傅… Ⅲ.①《周易》—文集 Ⅳ.①B221.5-53

中国国家版本馆CIP数据核字(2024)第030937号

刘冰若学术文化集
LIUBINGRUO XUESHU WENHUAJI

雍　湘　傅应明　整理
政协重庆市璧山区委员会　编纂

选题策划	段小佳
责任编辑	曾庆军
责任校对	刘　彦
装帧设计	殳十堂_未氓
排　版	张　祥
出版发行	西南大学出版社(原西南师范大学出版社)
	地址｜重庆市北碚区天生路2号
	邮编｜400715
	网址｜http://www.xdcbs.com
	市场营销部电话｜023-68868624
经　销	全国新华书店
印　刷	重庆美惠彩色印刷有限公司
成品尺寸	145 mm×210 mm
印　张	6.75
字　数	210千字
版　次	2024年7月　第1版
印　次	2024年7月　第1次印刷
书　号	ISBN 978-7-5697-2309-0
定　价	68.00元

1935年5月，国立四川大学璧山同学会第三届庆祝毕业会员摄影。前排右二为刘冰若。

学生时代的刘冰若（前排左二）

1988年5月25日，聘请刘冰若为璧山县政协三届文史资料委员会成员

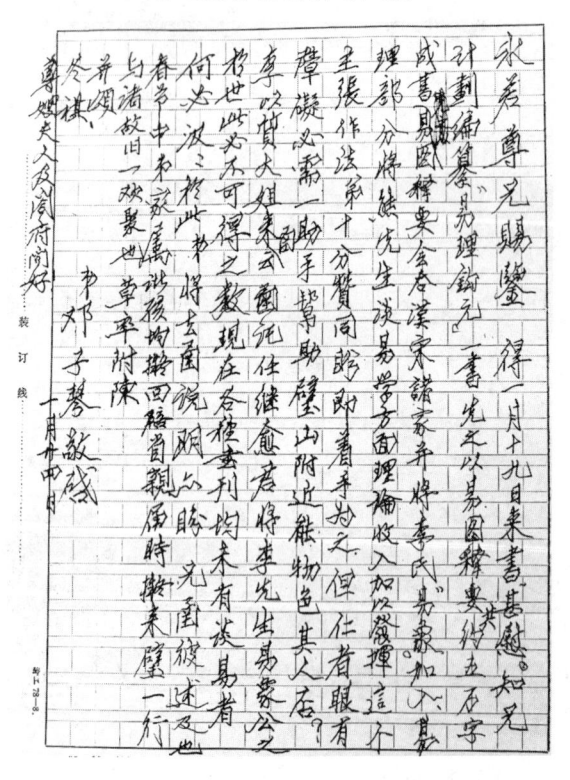

整理中发现邓子琴致刘冰若信函

刘冰若手稿

前五識及第八識皆為現量、第七識以是非量、唯第六意識通三量。○按舊唯識以知被立識非現量、其實不然、蓋思惟所有現量、如是不出其位、即是現量、思不出其位者渾窗經所謂如理思惟是也、一念之思、若夾雜妄鑽誤治與道理相應、即是不生位、即是現量、陽旺所謂良知、其了境如實亦現量也、若分別智之妄分別者、若虛妄分別也、即智、即是旺解、非其眠若知也、業乘心不識、格物致知立知為何事、至陽旺謂為良知、淳聖人亦矣、格物致知只是一事、故知行合一。

刘冰若手稿

俯视但一气
高标跨苍穹
集杜甫登塔句寄李灿如

刘冰若保存的友人李灿如及家人照片

| 前　言 |

学人刘冰若及其易学研究

傅应明

一、学人刘冰若

刘冰若是一位被湮没既久的学人。在璧山，他是当之无愧的学术文化代表性人物。他的一生充满传奇色彩。《璧山县志(1986—2005)》"人物篇"，曾收录了我为他撰写的传略：

刘冰若(1909—1995)，原名居廉，璧山县城西乡(今重庆市璧山区璧城街道)人。国学大师熊十力亲授弟子。

1909年9月17日(农历八月初四)生，1916年至1927年就读于私塾及璧山城关模范小学、巴县白市驿华美小学、璧山华美小学、璧山华美小学附属初中部等。1929年至1932年，就读于公立四川大学文学院中文专修科(四年制)并毕业，其间更名为刘冰若。1932年，插入国立四川大学文学院中文系本科三年级，1935年毕业，在省立成都西城小学教国语。自此开始了他从教、从医、从易的一生。

辗转多校任教。1936年，在乐山五通桥私立通材中学任教时，受川大同学、中共地下党员周遵耀所托,向校长介绍中共地下党员左万愉到校任音乐教师。1937年,任璧山中学语文教师。1939年,任璧山狮子场国民小学校长。1940年春,经熊十力介绍,到资中省立师范任教。1941年秋,应校长周璧光之聘,回璧山中学任教。1942年春,在来凤驿开办勉仁补习学校;秋,到荣昌伯桥中学任教。1943年春至1949年璧山解放,任璧山县立图书馆馆长、四川省通志馆璧山县采访员。刘冰若在学校任教用名为刘抱蜀(用两个名字在不同单位工作,这是旧社会就业公开的常用办法)。1949年12月后,任璧山县临时人民解放委员会委员兼秘书,璧山县各界人民代表大会常委会委员兼秘书长;原县立图书馆与民教馆合并为文化馆,刘冰若任馆长。

热爱中医事业。1926年,读私塾期间,刘冰若就开始学习中医典籍。1929年,就读川大中文专修科时,因同学吕公亮的父亲系开业老中医,便随其学习讨论中医术。1938年,刘冰若向父亲建议,由刘家出资在璧山开设"识仁堂"中药店,作为重庆名医陈鉴湖(时任市中医师公会主席)的诊所。因胞弟刘勋拜陈为师,刘冰若也由此常与之见面学习讨论,并于任教之余兼习中医。1947年,璧山私立国医院开业,张安钦任院长,刘冰若、江九德等任副院长。该院由县医师公会发起,张安钦由南充回璧负责院务,系由于刘冰若的邀请和联系。张安钦到任后,刘冰若约蒋庶先、陈廉泉等正式拜张为师,张以半年时间讲授《伤寒论》,其间刘冰若做了10万字的笔记。1951年,璧山私立国医院加入城关第一联合诊所,即今城关医院前身。同年,县人民政府成立卫生科,刘冰若任卫生科副科长主持工作,兼任县卫生工作者协会副主任。1956年,张安钦调成都中医学院内经教研组作主讲教师,后调附属医院任副院长。刘冰若也于同年调成都中医学院任教,并任成都中医学院附属医院眼科医师。1964年8月,调璧山县人民医院中医科,1965年兼任县中医学校教师,1978年退休。

师从熊十力。熊十力(1885—1968),湖北黄冈人,著名哲学家,"新唯识论"哲学体系创建者。1938年春,因避战乱移居璧山,住璧山中学。刘冰若得与邓子琴、钱学熙、刘公纯、陈亚三、王绍常、任伦昉等，亲聆熊十力讲授民族精神、种原及通史。1939年，熊十力受马一浮之聘，赴乐山复性书院为讲座，邓子琴为"都讲"（助教），刘冰若为学员。刘与邓子琴曾轮流为马一浮誊写《六艺论》。1939年10月，熊十力辞聘，由刘冰若护送回璧。时值刘接任璧山狮子场国民小学校长，故熊十力及家属住狮子场小学。其间，牟宗三前来拜望熊十力。后经刘冰若联系，熊与梁漱溟等借住来凤驿西寿寺，刘同往从其学习《十力丛书》，并问学于梁漱溟。其间，有任继愈、贺麟前来拜望。因曾师从熊十力学习哲学，刘冰若于1978年退休后，一直研究《易经》等中国古典哲学典籍，并致力于《〈易象〉释义》的写作，该书1991年由巴县政协文史委以《易象》（李灿如原著、刘冰若释例）印行面世。

1995年10月24日，刘冰若去世，享年86岁。

这篇传略撰写于2010年，距今已经十多年了。限于当时的局限，仅能凭一位知情人的回忆文字整理，未能见到刘冰若本人留下的只言片语。所幸本次整理过程中，刘家珉（刘冰若之子）同志在电脑里找到了一篇不完整的《刘冰若自传》，连他也记不起是何时录入的。其叙述内容截至1949年，即刘冰若四十岁以前的经历。虽系残稿，且从行文看还是在特殊年代写下的，但毕竟是刘冰若本人自述，诸多历史信息鲜为人知，故弥足珍贵。特转录如下：

我现名刘冰若，此名是从1929年考入大学，开始使用的。原名刘居廉，是从七岁开始读书用的家族派名。1943年以后，又用了刘抱蜀这个名字。因为在县图书馆工作，用的姓名是刘冰若，同时在师范学校或璧山中学，又担任了一个专任教员的工作，一个名字不能在两个单位，报领两份工资，所以在学校时用的刘抱蜀一名，这是公开的办法，是旧社会常有的事例。

我的籍贯，是璧山县城西乡，现在的城西公社大石大队。我们家族，是由一个名叫刘友恭的青年农民开始的,清朝初年,康熙年间,公元18世纪1722年,他正是23岁,同兄长刘友敬从福建山区武平县徒步来到四川垦荒,他们留下艰苦故事,在数千里跋涉中,只吃了一个盐蛋作菜。刘友恭是我们家族在四川的第一代祖先,他先在城南乡观音塘养鱼池落户,过的是佃贫农生活,后来迁移到城西乡小湾,现在的五里大队。先是佃农,后来生活改善,成为富裕中农,繁衍了子孙,绝大部分都是农民,数到我们弟兄一代,已是第九代。我的直系祖先,完全是农民,没有知识分子,都没有作官吏或军人的。第四代祖人名刘文芳,因经营农业和酿酒业,起家为富农(时间是19世纪40年代清道光时),到了他的孙儿即我的曾祖一代,因人口繁多,又受人挑拨弟兄打官司缠讼,家庭又穷困不堪了。

我的曾祖名刘子萱,在城西乡不能生活了,祖遗的十五石田地卖光了,迁到来凤乡作佃农,耕的清政府的公田,因欠了公家的租谷无法还清,便作逃亡计划,于光绪廿年(公元1894年)从来凤带着小儿子刘成汉逃向外地,与家族断绝消息,一直老死在异乡。五十年后,刘成汉已60多岁,1943年回乡访故,家族才晓得他们父子到的云南,暮年在昆明作小商。我的曾祖刘子萱是死在昆明的。我的祖父刘成宽,在我曾祖由城西乡迁到来凤前将他遗弃,由我的伯曾祖刘子菖收养,由一岁养到成年,家庭生活是中农,次年生了我的父亲。我祖父在这青年时代,虽然有妻有子,但养父的家庭人口繁多,生活困难。他非嫡亲子媳,生活特受窘迫,精神上常受刺激。他在20岁这年的春节中愤而自杀,留下孤儿刘金镒(我的父亲)只有一岁(成年后名刘春暄),一年后我的祖母汪氏,在这家庭活不下去了,只好再嫁,与一个姓张的贫农结婚,住城北乡藕塘村,是佃农。我父亲仍在我伯曾祖家生活,在家做苦工,未读过书,是文盲,直到17岁,我伯曾祖死亡,我父亲才与一个姓罗的农村裁缝师傅学徒弟,三年后出师,便在农村以缝纫为业,当农村裁缝。他23岁结婚,次年我出生了,是他的长子。

我生一月后,父亲得我外祖父唐荣先(自耕中农)的帮助,迁移入城,1909年在二牌坊街开设成衣店,和我母亲共同做缝衣手工业,不幸我母亲得了肺结核病，一年多后死亡。后来父亲续娶张氏，她是我的继母，性情凶暴，但能克苦，后来父亲兼做便帽手工业，也是璧山首先出现的制帽业。他们日夜劳作，常为地方团练兵缝军服，利润较好，扩大营业，生活日渐好转。1920年，又增加制鞋业务，商店先在县府街，后迁大牌坊街，一直经营到抗战时期。从1920年起，已雇佣工人（1名或2名），招收徒弟（保持1名），开始了剥削生活，赚了剩余价值。工商业逐渐积累资金，获得较多利润，迄1928年在城西乡买了一股田地约50石，父亲从此堕入工商业兼地主的剥削生活了。1936年又买了70石田地，此后积累，向外投资，完全丧失，所以未再买田或投资。1952年土改时，因解放前三年已未经营工商业了，将他的成份评为地主。我从1936年起，便在外工作，未享受家中的剥削收入，未用家中的钱，完全靠工资生活，后来又自立了小家庭，经济独立，但1946年接受了分割财产的25石田地，所以我的出身评为小土地出租，成份是职员。异母弟刘勋也评的小土地出租。我们个别的三个家庭（父亲家在城南乡，我家在城内工业街，刘勋家在南街，这是解放前就形成的），评成份不在一处。1966年，经城关四清工作队协同居委会调查定案，我的出身仍为小土地出租，职员成份。

我从7岁（1916年）开始读私塾，第二年读城关模范小学，第三年又读私塾，第四年读华美小学初小三年级，第五年又读私塾，第六、第七年读高小（巴县白市驿华美小学和璧山华美小学）。1924年秋，璧山华美小学附设初中班，我读了半年，次年又入私塾读了三年（1925—1927年），迄此已出入学校十年，尚未进入正式中学。因为父亲是文盲，不懂学校制度，不知哪里是正路。同时继母嫉恨我，不愿在我身上多用教育费，读私塾可少用钱，又不能升学。父亲又有另一思想，希望我能在大城市的商界去当学徒，将来成为商人。多方托人在重庆、成都找门路，活动等待了几年，终于绝望，弄得我无路可走。1928年停学了，不准备再读书了，读私塾也无聊。这年我已19岁，感到前途茫茫，便想了个出外流亡乱撞的冒险计划：游说父亲让我到成都升学，那时成都有所谓野鸡大学，是不正规的私立学校,滥收学生,不依资格,不讲程度,我想去试一试。父亲允许了。1929年春,父亲给我路费,我去到成都,先考上民立大学政治特科(是一年制毕业)但我不缴费入堂,再等待公立四川大学文学院中文专修科(四年制)的考试成败再决。结果也考取了,我决定进入川大。父亲高兴了,但继母妨碍着我,使我学费常感缺乏,虽过的穷学生生活,但常仍不接继。肄业四年中,吃了不少苦头,因此较用功,成绩较好。1932年冬,在专修科毕业了,虚荣心支持着我,想再升学。这时成都三个公办大学(师大、成大、川大)合并为国立四川大学已一年多,学校招牌硬了,我越想再进一步,父亲不许可,后得我父亲的异父弟(我祖母在家所生)张鸿均的帮助,即说服父亲,他又在学费上支援,我才得再度升学,在文学院中文系本科插入三年级,肄业二年迄1935年暑假毕业,从此结束学生生活,进入工作阶段,迄1949年冬四川解放,我在旧社会已工作了十四年半,这年正满40岁。

从上面所引的文字,我们不难理解刘冰若求学治学的背景,也不难理解他为何长期沉寂无闻,甚而至于迄今仍被湮没的际遇。

二、刘冰若的易学研究

本次《刘冰若学术文化集》的整理编纂,实际上是以"刘冰若的易学研究"为核心展开的。它由三部分内容构成,指向的是刘冰若易学研究的渊源、主体、动因等三个方面。

(一)渊源:熊十力哲学的影响

2021年11月起,我们着手刘冰若遗存手稿的整理、录入工作。首先是他写于1988年2月的《熊十力在璧山》一文。录入过程也是一个学习过程。诚如刘冰若在文章开篇所言:"泾源同志的《熊十力小传》,传中有熊十力在璧山的段落,语焉不详,与事实亦小有出入。我写这篇文章的目的在于补充泾源同志的文章,并为研究熊十力生平的学者提供资料。"

该文前半部分，刘冰若以亲历者身份，回忆熊十力先生抗战期间来川避难、璧山讲学、语译著述、嘉定矛盾、复返璧山、勉仁时光、战后离川等诸多事件及其细节，拾遗补阙，匡谬正讹；后半部分，刘冰若以入室弟子身份，对熊十力《新唯识论》与佛家教义的关系，熊十力与梁漱溟、张东荪的学术思想，熊十力与王阳明、章太炎的学术渊源，熊十力对西方哲学的态度等诸多方面予以辨析，吉光片羽，弥足珍贵。

整理过程中，发现尚有邓子琴手稿《吾友宜欣与明贞女士结褵于北碚温泉公园率为俚句二十首以博一粲》、王赐川复刘冰若书信并附其手录汤锡予①《玄奘窥基哲学资料选注》摘录、燕大明手稿《熊十力大师传》、刘冰若剪报高瑞泉《大潮的回音——评〈熊十力及其哲学〉》，显然这些文字是刘冰若撰写《熊十力在璧山》时的重要参考资料。该文开篇叙及纪念熊十力先生的学术会议，故我们补充录入李维武《纪念熊十力先生诞生一百周年学术讨论会综述》。鉴于该文叙述过程中引用了熊十力著作中的一些句子，为便于完整理解，我们又补充辑录了熊十力《〈中国历史讲话〉缘起》《增订〈十力语要〉缘起》《复性书院开讲示诸生(摘录)》《与贺昌群(摘录)》《与刘冰若》等内容。到12月9日，形成了以《熊十力在璧山》为正文，其余十一篇(则)文字为附录的"甲集"初稿。

(二)主体：困知斋卦变学说

紧接着，开始了"乙集"的整理、录入工作。正文内容包括《古汉易学》和五篇释卦文字，均为手稿。起初，我们仅从书写排列形式看，误以为《古汉易学》《取象八法》各为一篇独立的内容。先录了《取象八法》，后来录《古汉易学》时才发现作者有言在先："义详下之二章：一、卦变源流；二、取象八法。附《易象明变》。"总算弄明白了《古汉易学》的结构。可惜迄今尚未找到所附《易象明变》文稿，只能暂付阙如。

---

① 即汤用彤(1893—1964)，字锡予，哲学家、佛学家、教育家、国学大师。

《古汉易学》是刘冰若易学研究的理论总结。它从汉代"卦变释经"的易学传统出发，着力于"变卦"与"取象"两大核心问题，对纯卦、十辟卦、杂卦的各种变卦和汉儒释经所采用的八种取象方法，进行了系统的梳理与辨析。

如果说《古汉易学》尚属理论认识的范畴，那么刘冰若为《消息卦图》《诸卦吉凶概观》《连山别卦图》《归藏别卦图》《周易别卦图》所著的五篇解释文章，则是实际的运用。在这些解释文章中，刘冰若不乏诸多创见。例如，在释《消息卦图》中，刘冰若说："困知斋同人体会了八种变法，称为"困知斋卦变八法"，这只是我们一得之愚，不为定论。"他强调，"困知斋卦变法是重法不重图""所谓知其要者一言而终，不知其要则流散无穷。得法便是知要，所以我们要强调重法不重图"。在释《诸卦吉凶概观》中，刘冰若指出："将卦肯定吉凶，这只能是某种情况下的肯定，是相对的道理，不是绝对的道理。因为一个卦不能固定其为吉为凶，某卦于某事为吉，对另一事可能为凶，并且吉可以变凶，凶可以变吉。这便是卦变学说的运用。"为此，参考焦循时行图创制困知斋当位失道图，并声明"焦循图是显示推演当位失道卦的方法。困知斋图是条理当位失道卦的数目，排列成图，是静止式的图，但却是进行图式的根据"。在释《连山别卦图》中，刘冰若提出"不惑于神秘主义"的主张，指出："以六十四卦全局组图有何意义？笔者认为，每种图都等于一种卦变法的公式，由这种繁复的公式，显示这种卦变法的多样化和具体化。熟悉了这些公式，我们读经解经的时候，才易于理解爻辞与卦爻的关系。如果离开了释经与说理，孤立地组图演卦，便等于作符号游戏了，并无深意，图式虽巧妙，终是无用之物。除六十四卦全局图式外，困知斋也着重散图，即不足六十四卦的图，或只是几个卦的小组图。"在释《归藏别卦图》中，刘冰若说："我们认为作易图重在发明卦变，卦变还要求之实用，主要是用于解经，像王船山解《周易·序卦》

而用卦变推演,则是很好的典范。"并强调了"重法不重图,法有定理、图有定式、合理成局的宗旨"。在释《周易别卦图》中,刘冰若主张"我们不能以现代科学的观点,去否定古人所发现的相对真理"。他说:"《易经》和《易传》的宇宙论,有生命起源及其发展的论点,是概略的。当然,不同于自然科学家所研究的那样经过实测和考查。这只类似邹衍谈天,说中国九州之外还有大九州,瀛海环之。也如释家说的'三千大千世界'(这是宏观世界)和'一花一世界,一叶一如来'(这是微观世界),都出于他们的想象,却与事实接近。"并以儒家的大同思想为例进行了分析,"儒家的大同思想在二千年前提出,近于乌托邦的理想。这个理想,两千年来并未实现过。孙中山宣扬《礼运》的思想,向往大同。但他领导的革命,只做到推翻帝制,对民主政治尚未粗具规模。他的理想,因他的逝世而结束了。大同世界的理想,在孙中山之前,已由社会主义的理论家和政治家所实践。将来到了各尽所能、各取所需的共产主义社会,那就是大同世界了"。

由此可见,刘冰若的易学研究,根植于古汉易学传统,始终站在既"不惑于神秘主义",又不拘泥于自然科学实测考查的立场,坚守法有定理、图有定式、合理成局的宗旨,以服务释经解经为目标,构建了自己的困知斋卦变学说。

整理过程中,我们主要是以刘冰若手稿为据。需要说明的是,刘冰若的这五篇释卦文章,虽为阐释李灿如《易象》而作,但与后来《〈易象〉释例》(巴县政协文史资料委员会印,1991年)相比较亦有详略、增删的不同。"乙集"附录收入三篇文章:一是《卦名释例》,摘自李镜池著《周易探源》,系刘冰若手抄,说明此文在作者写作过程中曾为重要参考;二是萧汉明《〈周易〉学术讨论会在武汉召开》,原载《哲学研究》1984年第9期,亦系刘冰若手抄,未全文抄录,说明作者对易学研究最新成果和动态的关注与重视;三是谈祥柏《千古疑迷》,原载《自然科学画报》1986年第3期，亦系刘冰若手抄，从中我们可以领略作者的易学研究视野。"乙集"的整理，于2022年2月17日基本完成。

（三）动因：解读李灿如《易象》

2022年3月，着手"丙集"的整理。正文部分收录两篇文章，即《〈易象释例〉前言》《〈易象释例〉序》。前者系据刘冰若手稿整理，原题为"前言"，但收入巴县政协文史资料委员会编印《〈易象〉释例》一书时，则改为"后记"，并署有"刘冰若识1986年3月"。后者系依《〈易象〉释例》录入，但整理中意外发现刘冰若手书残稿，两相对照，残稿中亦保存重要信息，如洪兰友赞誉李灿如系李本人亲口告诉刘冰若的，写作"释例"的起因则是李灿如子女亲属"嘱为探讨并作解释"，且1980年刘冰若"曾在重庆杨家坪以质家中为其亲属几人略谈大意，却不得要领，因再作笔谈"。

可见，为李灿如《易象》写"释例"，是刘冰若易学研究十分重要的催化因素。故关于李灿如生平及其《易象》《古韵图》的学术价值，围绕《〈易象〉释例》出版的周折，则是重要的背景资料。整理"附录"时，我们先后录入了《先父李灿如生平事略》（李以质 李以文 李以巨）、《致刘冰若》（李灿如）、《致冰若老伯曼青伯母》（李以质）、《复李以质李以文》（哲学社会科学部世界宗教研究所）、《〈易象〉审稿鉴定》（高瑛良）、《李灿如〈易象〉序》（高瑛良）、《〈古韵三十五部表、古韵图〉跋》（刘又辛），至此"丙集"整理基本完成。2022年4月15日，我在阅读中国文化社编《中国文化》第二期（1946年6月15日出版）时，意外发现《〈易象〉前言》（李灿如）一文；4月26日，又发现《致刘冰若》（邓子琴），谈及李灿如先生遗著整理、李灿如传略撰写及曾为刘冰若复印《易汉学》等情节。故将两文一并收入附录。

纵观刘冰若易学研究，我们可以清楚地看到，它源自熊十力哲学的影响，以困知斋卦变学说为主体，而促成的契机则是为了向人们解读李灿如《易象》一书。因此，本次编纂的《刘冰若学术文化集》便形成了甲、乙、丙三集的结构。

目 录

前言:学人刘冰若及其易学研究(傅应明) / 001

甲集

熊十力在璧山 / 003

◎ 附录

《中国历史讲话》缘起(熊十力) / 016

增订《十力语要》缘起(熊十力) / 016

复性书院开讲示诸生(摘录)(熊十力) / 017

与贺昌群(摘录)(熊十力) / 018

与刘冰若(熊十力) / 020

熊十力大师传(燕大明) / 020

熊十力年表(摘录)(燕大明) / 025

吾友宜欣与明贞女士结褵于北碚温泉公园率为俚句二十首以博一粲(邓子琴) / 030

王赐川复刘冰若书(附汤锡予《玄奘窥基哲学资料选注》摘录) / 032

纪念熊十力先生诞生一百周年学术讨论会综述（李维武） /047

大潮的回音——评《熊十力及其哲学》（高瑞泉） /050

乙集

古易汉学 /061

释《消息卦图》第一 /085

释《诸卦吉凶概观》第二 /093

释《连山别卦图》第三 /106

释《归藏别卦图》第四 /116

释《周易别卦图》第五 /124

◎ 附录

卦名释例（李镜池） /146

《周易》学术讨论会在武汉召开（萧汉明） /153

千古疑迷（谈祥柏） /155

丙集

《易象释例》前言 /161

《易象释例》序 /168

◎ 附录

《易象》前言（李灿如） /170

先父李灿如生平事略（李以质 李以文 李以巨） /173

致刘冰若（李灿如） /178

致冰若老伯曼青伯母(李以质) /181

致刘冰若(邓子琴) /183

复李以质李以文(哲学社会科学部世界宗教研究所) /184

《易象》审稿鉴定(高瑛良) /184

李灿如《易象》序(高瑛良) /185

《古韵三十五部表、古韵图》跋(刘又辛) /187

整理后记 /189

甲集

熊十力在璧山
　◎ 附录
　《中国历史讲话》缘起(熊十力)
　增订《十力语要》缘起(熊十力)
　复性书院开讲示诸生(摘录)(熊十力)
　与贺昌群(摘录)(熊十力)
　与刘冰若(熊十力)
　熊十力大师传(燕大明)
　熊十力年表(摘录)(燕大明)
　吾友宜欣与明贞女士结褵于北碚温泉公园率为俚句二十首以博一粲(邓子琴)
　王赐川复刘冰若书(附汤锡予《玄奘窥基哲学资料选注》摘录)
　纪念熊十力先生诞生一百周年学术讨论会综述(李维武)
　大潮的回音——评《熊十力及其哲学》(高瑞泉)

熊十力在璧山

1985年为纪念熊十力先生100周年诞辰,由北京大学和武汉大学联合主办纪念会于熊十力先生家乡湖北黄冈县(今黄冈市)。海内外学者踊跃参加,并提出了对熊十力哲学研究的论文六十余篇,印有专辑。深圳大学国学研究所1986年出版的《国学集刊》第一集纪念熊十力先生诞辰一百周年专栏上发表了泾源同志的《熊十力小传》,传中有熊十力在璧山的段落,语焉不详,与事实亦小有出入。我写这篇文章的目的在于补充泾源同志的文章,并为研究熊十力生平的学者提供资料。

《熊十力小传》(以下简称《小传》)末段说:"纵观先生一生经历,约略可分五期。十七岁奔赴江汉,投身革命以前,随父兄耕读,三日牧牛方得一日读书,艰难困苦,聪慧早熟。备尝生活艰辛,同情劳苦大众;身居社会下层,造就叛逆性格。此为第一期(1885—1901年)。投身反清革命,创办讲习所,参加日知会。辛亥首义后,又奔走两广、西南,参加讨袁护法,共历时十六年之久,此为第二期(1902—1917年)。护法失败,念党人竞利终无善果,怆然有人世之悲,遂转向学术一途。问学于欧阳竟无大师,深叩内典,专攻唯识,及讲学北庠,由旧学萌发新见,自创体系,写出《新唯识论》(文言文),此为第三期(1918—1932年)。自《新唯识论》问世,渐断旧根,愈张新说,推出众多辅翼著作,驳倒无数论敌文章,使体系日趋缜密成熟,立定一家之言,此为第四期(1933—1949年)。最后二十年,整理旧学,凝练总括,老当益壮,著述颇丰。学术思想更成熟,新论体系更博大,逻辑结构更完善,语言文字更精美,此为第五期(1950—1963年)。"

《小传》又说:"抗日战起,先生离京南返,先至荆楚……遂又携妻儿避难入川,依钟芳铭于璧山。"

熊十力先生在卢沟桥事变后五个月入川,直抵璧山,从先生的著述中有所记载,其《中国历史讲话》"缘起"中说:"余以今春避寇入川,依钟生芳铭于璧山,永善邓生子琴、无锡钱生学熙、郓城陈生亚三、汾城刘生公纯、友人菏泽王君绍常,均先后来璧。江津任生伦昉,璧山刘生冰若,亦均相依忧患中。余以迂陋,无所自效于世,唯日与诸子讲说旧闻。"

事实是从1936年秋起,钟芳铭做璧山中学校长,第二年闻熊先生有来川避难的打算,因欢迎他来璧山居住。前此,芳铭已聘请邓子琴作璧中教务主任。钱学熙原在上海自办英语补习学校,上海沦陷,也计划来川,经熊先生介绍,芳铭因聘为璧中英语教师。王绍常、陈亚三都是山东乡村建设学院的副院长(院长梁漱溟),是芳铭的故旧,山东沦陷后,芳铭因请他们来璧山居住。1938年,熊先生有讲学的兴趣,才有所谓讲习旧闻的聚会。

先生在璧山讲学,时间之长,为过去所无。听讲者能对先生重要著作,承他亲口讲授,一字不漏,系统学习,实为难得机会。而钱学熙尤其专注精力,因他有将《新唯识论》译为英文的夙愿,所以学习更为认真。

近年,由北大教授肖萐父[①]、汤一介对熊先生遗著进行整理,计二十八种,三百余万言,计划分为四卷,由中华书局陆续出版。《十力丛书》虽有二十八种之多,而最重要的是《新唯识论》《原儒》《读经示要》《乾坤衍》等,其余多为辅翼著作。

熊十力在璧山讲学,主要是讲文言文《新唯识论》[②]。为了学者能学懂《新唯识论》,必须先懂得旧唯识论[③]。先生因反对旧唯识论某些

---

① 肖萐父应即萧萐父,1950年后,一直任教于武汉大学。
② 刘冰若原注:1932年10月上海神州国光社出版。
③ 刘冰若原注:即玄奘法师所译《成唯识论》。

论点,所以不讲《成唯识论》原书,而讲他所著的《佛家名相通释》。此书是先生在北大讲《成唯识论》的讲义改写的。《新唯识论》讲完之后,再讲《破破新唯识论》。讲这三部书的时间,大约经过一年。

先生在璧山的寓所,多次更换,初先寓后伺坡杨家洋楼①,后迁璧中教师宿舍②。先生讲学于此地开始。先生喜郊居,因迁城东乡芋河湾口谭开文楼房。楼下为邓子琴家属住所。此楼左凭东山,南望芋河湾,郁郁葱葱,风景宜人,先生寓此颇安适。子琴有《璧山纪事诗》九首,其一云:"沈约郊居最入情,半楼花竹小居停。剡溪不觉古人远,独立石桥待月明。"③其二云:"犹喜高朋聚一州,译才④诗兴⑤张冥搜⑥。问君何事更浮海⑦,愁绝人言我欲愁。"按:当时璧山由外地迁来许多机关、学校,城乡住宅均感拥挤,所以子琴不能择邻,赁谭氏住宅,并迎熊先生住楼上,谭氏非善类,先生和子琴居此,我辈当时即暗喻为"鹊巢栖凤"。

子琴原专攻文史、哲学,于书无书不窥,能为骈文、散文,且熟悉五种以上外国语。所译印度《阿输迦王石刻》一书,是据印度渥勒教授梵文原本,并以英文和日文本对照译成。抗战期间,我和他同时赁居文风塔侧张家院,尝见他阅读法文本《法国小说选》,并订阅德文版上海《密勒氏评论报》,他真说得上博学多能。我初疑子琴学力未必在熊先生之下,遂有"子贡贤于仲尼"的设想。及讲《佛家名相通释》,其纷繁丛错的术语理数,先生偶以复习方式挑问,我和芳铭等不能答,而子琴亦不能答或答不圆满,于是乃佩服先生之义精仁熟,不可及也。

---

① 刘冰若原注:已为王绍常所购买。
② 刘冰若原注:即旧教育局遗址。
③ 邓子琴原注:雇居城东乡谭氏宅。
④ 邓子琴原注:(钱)学熙。
⑤ 邓子琴原注:子泉。
⑥ 邓子琴原注:(刘)公纯。
⑦ 邓子琴原注:(钱)学熙挈眷转沪,阻之不得。

先生喜远途散步,常于午后近暮前,率我等在丘陵古道或田间阡陌小游。为了不辍讲习,一日子琴建议游水天池,登牛心山,先生亦嘱带书同行。登山之后,遂于天池西畔龙桂寺佛殿开卷讲学,大有仲尼率弟子"浴乎沂,风乎舞雩,咏而归"之逸兴。

泾源《小传》说:"钱学熙欲将《新唯识论》译为英文,先将文言文翻为语体文,以资熟练,上卷未竟而离川。继有韩裕文翻译,完成上卷。先生自中卷起,率尽其功,共得三卷,历时五年,自始《新唯识论》又有语体文本出……"由《小传》这段文字看来,《新唯识论》语体文本上卷是钱学熙、韩裕文所作语译,事实不是这样。韩裕文①当时未来璧山。熊先生自译语体本的动机是为了测验钱学熙对《新唯识论》是否已有深入的理解,因嘱他用语体文翻译文言本的《新唯识论》,学熙只译了数页,先生很不惬意,因口授语词由学熙执笔记录。

《新唯识论》语体本②初印上中卷《序言》说:"二十七年春,余避难入蜀,寓居璧山,学熙亦至。是冬,学熙欲偿夙愿,因先用国文翻成语体文,以资熟练,义有增损,则余所随时口授,学熙无擅改也。"后来韩裕文继续学熙未竟的翻译工作,也由熊先生口授。"嘱裕文续学熙稿,将别为语体文本,裕文面授裁决,遂完成转变章,辑为上卷。"所以,上卷本纯为熊先生自译,学熙及其他门人俱未赞一辞。约半年,上卷译成,先生嘱冰若缮正。冰若友人陈仲陆③热心自好,因抄录一份自存。却未料先生去嘉定,寓所被日寇轰炸,所带语体本缮写本和其他书籍全部毁灭,先生十分愤慨。冰若闻讯,因向仲陆索取所抄本寄呈先生,得免重译之苦。

熊先生与马一浮先生同为当代儒宗,友谊至深,熊先生《新唯识论》文言本序文为马先生所作。马先生亦精佛理。两先生数年间有共同

---

① 刘冰若原注:韩裕文,山东人,北大哲学系毕业。
② 刘冰若原注:商务印书馆中华民国三十三年三月版。
③ 刘冰若原注:(陈)仲陆亦常向(熊)先生问学。

创立学术研究机关的意念,后来马先生受国民政府最高当局的敦促,同意办一所学术机关。熊先生主张办哲学研究所,马先生不赞成纯粹公立机构,而办为民办公助的书院,定名为复性书院,临时地址决定在嘉定(今乐山)乌尤寺。马先生去嘉定后,熊先生亦由璧山前往,受聘为讲座。书院又聘邓子琴、刘公纯为都讲①,另有张立民、巫以风也被聘为都讲,共四人。熊先生去嘉定时,书院筹备工作已基本就绪。先生与复性书院工作人员同寓嘉定洙泗塘。受日机轰炸,即在此处,时间是1939年夏季。

书院收学生,要大学毕业才能报考,修学四年毕业,实际是研究生性质。书院只有熊先生和马先生讲课,他们不用教本,是讲演方式。熊先生写了一篇长文作讲稿,题目是《复性书院讲录》②,马先生讲课未印文稿。熊、马两先生教学风度大相径庭。马先生讲课时,本人端坐如老僧说法,全无动态,学生亦端坐,挺背直膝,目无左顾右盼者。熊先生讲课,则如普通教师,随意站立,谈笑风生,学生在座位上,亦可重膝曲肱,任其自然,无所拘束。学生向马先生问难,须半月一次,事先条陈所问纲领。先生住尔雅台,学生不能随意出入,只有被核准问难者,才能定期召见。熊先生住乌尤寺下面戴家院子,学生随时都可接近熊先生,亦可随意发问,无所顾忌。学生有问,先生即谆谆教诲。熊先生讲话必站立③,学生则坐而听之,甚至卧而听之。由此可见,熊、马两先生风度各别,学生与先生见面难易悬殊。

熊、马两先生学术同流,都是当代的新儒家巨子。于宋儒,马先生宗程、朱,熊先生宗陆、王,但熊先生不反对程、朱,且对程、朱儒学思想多所发挥,从《十力语要》中可寻得若干资料。但这次熊、马在嘉定的聚会,颇似朱(熹)、陆(九渊)鹅湖之会,不过未正面发生矛盾罢了。

---

① 刘冰若原注:类似讲师或助教。
② 刘冰若原注:后来收入《十力语要》第四卷。
③ 刘冰若原注:熊先生所谓卫生习惯。

1939年秋初，先生遂明白表态，要离开复性书院，学生莫名究竟，但觉熊先生去意甚坚，马先生和部分都讲亦为深留。熊、马两先生内部矛盾的症结所在为办学方式的不同，熊先生主张机构应定名为哲学研究所，纳入国家教育系统，为公立机构，照国家制度办理，而有自主的精神，要学现代哲学和新文化，使学生毕业后能适应社会工作。马先生的主张则纯为古代的书院式，如朱子的白鹿洞书院之类，专读古书①，机构不纳入国家教育系统。书院的管理机构为董事会，当时名义上的董事长为蒋中正，董事有陈立夫、孔祥熙等。这种不伦不类的方式，熊先生很不以为然，所以这次熊、马分裂，不是学术思想上的宗派分歧。

熊先生决心离开嘉定，考虑去处愿回归璧山，我也有辍学回璧的念头，子琴亦辞职去成都齐鲁大学任教，同学中韩裕文也要求追随熊先生。于是，我和韩裕文护送熊先生和熊师母。离开嘉定后，由岷江入长江，经江津越璧山东山重入璧山，先到狮子场，在狮子完小暂住旬日。随后商得来凤富商黄岐生的同意，借住他私人所有的来凤黄家花园②，暂时定居。黄宅是璧山名翰林王虎岩的故居，有山林之胜，经黄氏改造，林园可观，熊先生处此，也算安居。前文所述韩裕文继续钱学熙的翻译工作，就是在黄家花园作的。

熊先生住黄家花园并不孤寂，有家属和韩裕文同在。在璧友生如王绍常、陈亚三、黄艮庸、云颂天等常往探视。我记忆颇深的是由广西来的牟宗三，他带着一包文稿《逻辑典范》，来请教熊先生，我和他邂逅，相谈甚欢。后一年，子琴因家属在璧山，由成都回璧山探亲，也去黄家花园谒见先生，写有纪事诗，其一云："来凤山边红萼芳，人歌年谷比庚桑。祇园一路芒鞋稳，犹忆看花黄四娘。"③

---

① 刘冰若原注：复性书院的学科标准要求学生在四年学习中以学《论语纂疏》为主。
② 整理者注：今来凤翰林山庄。
③ 邓子琴原注：当时熊先生住来凤驿黄家花园内，余与友人刘冰若偕往省视。

泾源《小传》说："在川数年，先生备尝艰辛，或寄寓朋友家中，或栖身破庙檐下，颠沛流离，衣食无着。"此段文字是依据《新唯识论》语体本初印上中卷《序言》。在《序言》中，先生写道："未几，裕文以生事窘束离去。余孤羁穷乡破寺中，老来颠沛，加复贫困，乃强自援笔，续翻功能章上下，以三十年孟秋脱稿，辑为中卷。"

韩裕文离开璧山何往，我已不能记忆，但知他后来留学美国，回国后于1947年在华西大学哲学系任教，牟宗三①亦同在。先生所谓"孤羁穷乡破寺中"，此寺即来凤镇西的西寿寺，距镇约三里。黄家花园距镇八里，韩裕文别离后，先生在黄家花园遂感孤寂。先生门人陈亚三、黄艮庸、王平叔、云颂天、张俶知等为了筹建勉仁中学，都到来凤聚会，家属多安置在西寿寺。梁漱溟先生家属②也住在西寿寺。勉仁中学成立，梁先生为董事长。陈亚三、黄艮庸等感到熊先生在黄家花园十分孤寂，遂迎先生至西寿寺居住。先生在四川八年，生活上是穷而不困，生活费由西南联大每月寄给特约教授薪资，能维持一般生活水平。先生不讲究衣食，但亦不忽略营养，当时四川物价较低，先生仍保持其生活习惯，每日必有清炖肉食一种，基本上是炖鸡一只或猪肚一个、瘦肉一斤，此三者轮换为常，也是他个人肉食的定量，所以并非"衣食无着"。先生非如一般文人愁穷叫苦，是保存了"临财勿苟得"的高风。蒋介石曾多次笼络熊先生，给以高级官职，先生均未接受。抗战胜利后，蒋介石曾馈送金圆券百万元给熊先生，亦拒不接受。

先生住西寿寺，与勉仁中学教职员同在一起，但先生不预闻勉仁中学教务事宜，日常生活是继续写他的语体本《新唯识论》。他在西寿寺既有陈亚三、黄艮庸同住，梁先生也经常来西寿寺小住，大不同于在黄家花园的寂寞情景。我和邓子琴亦前往晋谒，子琴曾写小诗记此

---

① 刘冰若原注：现牟宗三是香港中文大学教授。
② 刘冰若原注：(梁漱溟)儿子培宽、培恕。

事,其一云:"西寿婆娑自有春,丹青难写是精神。横流只喜先生健,今夜人天新月新。"①邓子琴诸诗均收入1983年8月印行的《师马鹤斋诗录》。

1941年秋,勉仁中学迁北碚,熊先生留西寿寺便孤独了。先生门人邹鹏初事先要求先生去巴县鹿角场他家居住。鹏初富有资财,在鹿角场乡间有宽敞的院落,虽无园林,但出院即是田间,也有乡居的田园风趣,所以先生迁此能怡然安适,继续语译他的《新唯识论》。先生在鹿角场居住近一年。1942年,先生移居北碚金刚碑,先生门人②多居住在金刚碑一带。先生语译《新唯识论》即在金刚碑完成,时在1943年春。从1942年起,门人周通旦追随先生在金刚碑同住,对先生著作有所帮助。抗战胜利后,先生离开北碚出川。1946年底,先生返回四川,赴五通桥黄海化学社主持哲学研究部。又过半年,返回北京大学。先生返回时,途经重庆,我和子琴前往谒见,先生住在捍卫中学校长刘子泉家,小住后即离川,从此我们和先生就未再见面了。

熊十力先生因研究旧唯识论发生了疑点,才引起他写《新唯识论》文言本,后因钱学熙欲译为英文,然后写语体本。但语体本不是对文言本的直译,而是在内容上有很大的扩充和发展,是另具规模的一部新著作。现在我汇通这两部书作简单的纲领介绍。

《成唯识论》是天竺护法法师根据世亲法师《唯识三十颂》写成的论文,十卷,不分章节。熊先生的《新唯识论》分为六章,其名目是明宗、唯识、转变、功能、成物、明心。两书的宗旨都在其书的开端提出,即开宗明义。《成唯识论》开端说:"今造此论,为于二空有造谬者正解故,生解为断二重障故。"《新唯识论》开端说:"今造此论,为欲悟诸究玄学者,令知一切物的本体,非是离自心外在境界,及非知识所行境

---

① 邓子琴诗中原注:当时熊先生住来凤驿西寿寺,为勉仁师友住家处所。
② 刘冰若原注:勉仁中学部分教师。

界,唯是反求实证相应故。"所谓"二空",即"我空""法空",义同"二无我","二无我"即"人无我""法无我"。"二重障"即"烦恼障""所知障"。这些宗教术语反映的都是出世观点,所以《成唯识论》是宗教的典籍。《新唯识论》则是哲学的论著。先生在《十力语要》中说过:"《新论》与佛家原来意思根本异处,其略可言。佛家思想毕竟是趣寂的,是超生的、是出世的……《新论》则为纯粹的人生主义,而姑置宗教的出世观念于不议不论之列。"① 先生不是完全反对佛教学说的,他曾说:"佛家本师释迦,其思想最精者,莫如十二缘生之说,此在《阿含》可见,是其为说,固属人生论之范围,及后来大小乘诸师,则始进而参究宇宙论,尤其本体论。旧著《破破论》述此变迁概略,颇为扼要。至于大乘空宗,直下明空,妙显本体,有宗至《唯识》之论出,虽主即用显体,然其谈用,则八识种现,是谓能变,是谓生灭,其谈本体,即所谓真如,则是不变,是不生不灭,颇有体用截成二片之嫌。"② 这正是《新唯识论》文言本《功能章》"三曰,功能、习气非一。护法立说最谬者,莫如混习气为功能也。彼计一切功能,综度由来,可谓二别。一者本有,谓无始法尔而有故,二者始起,谓前七识一向熏生习气故,其说弥近理而大乱真"。先生反对护法法师学说的重点即在此。为避繁文,不再费辞。《语要》卷一中有与友人汤锡予书,曾述他读龙树《大智度论》,有飘然凌云之感。这个短笺也是显示了先生实证真如的刹那灵感,也可证明是不彻底反对佛家教义的。

近年来研究熊十力哲学的文章不断出现,1983年学术界有四篇探讨熊十力哲学思想的论文发表,它们是:高振农的《熊十力的哲学思想简介》(《社会科学》第一期),吕希晨的《评熊十力的〈新唯识论〉》(《世界宗教研究》第三期),郭齐勇与李明华的《试论熊十力哲学的性质》

---

① 刘冰若原注:《语要》卷一,46—47页,北京出版社民国二十四年版。
② 刘冰若原注:前书(即《语要》卷一)47页。

(《江汉论坛》第十二期),魏达志的《熊十力"新唯识论"评述》(同上)。从1984年底到1985年5月,在不到半年的时间内,先后有三篇研究熊十力哲学的硕士学位论文获得通过,它们是:武汉大学郭齐勇的《熊十力的认识辩证法初探》,北京大学景海峰的《试论熊十力的体用观》,吉林大学郑家栋的《评熊十力的〈新唯识论〉》。

景海峰在《近年来国内熊十力哲学研究综述》(以下简称《综述》)一文中将郭齐勇、吕希晨、魏达志、郑家栋、王元化、巨赞法师、高振农、李明华等人和他自己对熊十力哲学的探讨和批评作了综合的叙述,许多论点是正确的,但也有些与熊先生的意见和事实不符合,我在此提出几点意见。

《综述》中说:"郭齐勇亦认为,熊十力哲学是融合了佛儒道各家思想的开放性、包容性体系。如'即用显体''即心显体'之说,即是把孟子、王阳明的'万物皆备于我''意之所在便是物'以及佛教唯识宗的'于心识体'、传统《易》学的刚健生化思想和王船山的辩证法融成一气。""有人还指出了同时代学者对其思想的影响,如梁漱溟的东西方文化观和宗主陆、王的新心学观点对熊十力哲学体系的形成就有重大影响。张东荪对康德、伯格森等人哲学思想的介绍与他了解和接受西方哲学的某些观点有直接关系。"泾源《小传》说:先生在北大时,"梁漱溟、林志钧二先生在北大任教,三人遂结为学友,过从甚密,无有暌违三日不相晤者。宰平(林志钧)常诘难横生,先生亦纵横酬对,时或啸声出户外,漱溟默然寡言,间解纷难,片言扼要"。一些学者悠游浸滋,学术思想相互影响是正常的,这只能说所见略同,不能说熊十力袭取了梁漱溟、张东荪诸先生的理论。《十力语要》(卷一)保存了几篇熊十力与张东荪讨论西方哲学和中国宋明理学的长篇书信,却没有熊十力向张东荪请教的内容。

《综述》中说:"巨赞法师指出,反映熊十力早期思想的《子真心书》

与王船山的《周易内外传》《思想录》《四书大全》有密切关系。而初习佛学，又深受章太炎的影响。"先生发展了船山哲学是事实，但并不墨守船山学说。在《十力语要》四卷本中和《读经示要》《原儒》等书中多次谈到船山，有许多与船山相反的意见。至于巨赞说熊先生研究佛学是受章太炎的影响，这不是事实。先生住支那内学院时间不短，先生的佛学知识传自欧阳竟无大师，这是人所共知的，熊十力不会私淑章太炎。先生曾说："夫学之难讲，佛学为尤，聪明之士，辄喜摭拾玄言，而不肯留心经论，求其实解。昔人如苏轼之于禅，今人如章太炎之于法相，皆是也。"①（章）太炎先生之于国学，博大精深，是无可非议的，侯外庐著《中国近三百年思想学说史》中誉之为集20世纪中国学术之大成。熊先生却认为（章）太炎对于佛家哲学未入高级境界，熊先生所评，不为苛论。今试读太炎所著《齐物论释史》即可概见。（章）太炎以数万字专著，用唯识学的理论解庄子，却是晦涩扞格，不可卒读。

《综述》中说："郭齐勇、李明华认为，在熊十力哲学晦涩的'八识''四分''三自性'的袈裟之下，蕴藏着昂扬的革命激情，他是力图把佛家的消极遁世哲学，改造成为积极入世的哲学。和佛教的反人生、道家的废人能截然相反，熊十力哲学是一种进取向上的人生观。"所谓晦涩的"八识""四分""三自性"等佛家名相，正是熊十力所反对而要扬弃的旧唯识学，在《新唯识论》文言本"转变章"第35页附识中即翔实地叙述了。所谓"四分"，即唯识论师陈那所立相分、见分、自证分，护法师加上证自证分为"四分"，详见窥基所著《唯识述记》。《佛家名相通释》也有较详的叙述。所谓"三自性"，也是旧唯识论的术语，即遍计所执性、依他起性、圆诚实性。"三性"应为"三自性"，即唯识性。还有"三无性"，这些名相，是旧唯识的烦琐哲学。也详《唯识述记》和《佛家名相通释》，已被《新唯识论》扬弃了。

---

① 刘冰若原注：《十力语要》卷一，第51页。

《综述》中说:"高振农提出……熊十力明确地用'反求本心'这一名称来表述他的认识论,很可能受到黑格尔提出的'反思'这一命题的影响和启发。""吕希晨认为,熊十力的直觉主义认识方法……持性智不持量智,固然与伯格森的直觉论有着相似之处,然而主要的渊源则是来自法相宗的唯识学,以及孔子的仁说与老子的道说。"按,熊先生对西方哲学汲取了他们的思辨方法,采用了一些哲学术语,但对于西方哲学的精神实质则不苟同。他与张东荪商榷西方哲学家对于道德修养的论述,即可概见他对西方哲学的态度。他说:"言修养者,如果不证实相,其修养工夫,终是外铄。所以,站在东方哲学底立场,可以说,西人的修养工夫,还够不上说修养,只是用科学的知识,来支配他底生活,以由外铄故。或谓康德一流人,其言道德似亦不是外铄的,可谓同于东方哲人的修养否?此则不敢轻断。然康德在谈道德方面亦承认神的存在,此为沿袭宗教思想,且与科学计度外界,同其思路,斯与东方哲学复不相类。总之,西人学问,纵不无少数比较接近东方者,然从大体说来,西人毕竟偏于知识的路向,而距东方哲人所谓修养,不啻万里矣。"[1]

上文简要引述了景海峰《综述》一文提出的近年来学术界研究熊十力哲学的文章的概况。此外还有对研究熊十力的文章的批评或书评,也是间接的研究熊十力哲学的文章,例如高瑞泉在《未定稿》杂志上发表的《大潮的回音——评〈熊十力及其哲学〉》,这是对展望出版社出版的郭齐勇的《熊十力及其哲学》的书评。本文不评论高瑞泉的论点,但赞同他说的"熊十力倾半世纪年华精血,以宏富著述构筑了一个精微而源深的思辨体系,研究者见仁见智,在所不免。郭著的篇幅也很自然地限制作者畅发笔端。正如作者在后记中所说:'这是我研究熊先生的第一个成果,是开始,而不是终结。'"

---

[1] 刘冰若原注:《十力语要》卷一,第80页。

本文是写熊十力生平在璧山的史料,因觉得有说明熊十力著作的必要,成为本文的最后部分,似乎画蛇添脚。又限于水平,谬误在所不免,请读者批评指正。

1988年2月

◎ 附 录

《中国历史讲话》缘起

熊十力

余以今春避寇入川,依钟生芳铭于璧山。永善邓生子琴、无锡钱生学熙、郓城陈生亚三、汾城刘生公纯、友人荷泽王君绍常均先后来璧。江津任生伦昉、璧山刘生冰若亦均相依忧患之中。余以迂陋,无所自效于世,唯日与诸子讲说旧闻。一日,亚三偶提及国史云:发扬民族精神,莫切于史。今吾历史,被后生诬乱破碎殆尽,是事可奈何耶?子琴复提出种原及通史两问题。余感其切问,因与诸子略明吾意。为谈计二星期。理其记录,差可一卷。命曰:《中国历史讲话》。故识其缘起于卷首。中华民国二十七年季夏三伏日逸翁熊十力。

增订《十力语要》缘起

熊十力

《十力语要》,始于乙亥在北庠时。云、谢二子录吾笔语成帙,锡以斯名,为第一卷。丙子至丁丑,旧京沦陷前,此类集稿又盈帙。避寇携入川,旅居璧山,钟生芳铭集诸同志,为讲习会。诸子随时记录,及余手答者,又不少,并入北来稿,已辑成《语要》卷二至卷四。己卯夏，携赴嘉州，毁于寇弹，余亦几不免。是秋，返璧，旋定居北碚金刚碑勉仁书院。世事日益艰危，问学者渐少，余手札亦稀。昨春，由川返汉，复略有酬答。友人孙颖川学悟，拟于黄海化学社附设哲学研究部，请主讲席。黄海旧在津沽，战时移川之五通桥，尚未北迁。余重入川，栖迟桥上，乃取积年旧稿复阅一过，多为番禺黄艮庸所选存。因属威海王星贤汇成两卷，次第一卷之后，又以昔时高生所记《尊闻录》编入《语要》，为卷之四。此四卷之书，虽信手写来，信口道出，而其中自有关于哲学思想上许多问题及作人与为学精神之砥砺者，似未容抛弃。今当返教北庠，友人桐庐袁道冲怂恿付印，余亦不忍遽藏吾拙。呜呼！吾老矣！唯此孤心，长悬天壤间，谁与授者？

中华民国三十六年三月十五日　黄冈熊十力

复性书院开讲示诸生（摘录）①

熊十力

一

吾以主讲马先生之约，承乏特设讲坐[座]，得与诸生相聚于一堂，不胜欣幸。今开讲伊始，吾与诸生不能无一言。唯所欲言者，决非高远新奇之论，更不忍为空泛顺俗之词，只求切近于诸生日用工夫而已。朱子《伊川像赞》曰："布帛之言，菽粟之味，知德者希，孰知其贵？"愿诸生勿忽视切近而不加察也。

书院名称虽仍往昔，然今之为此，既不隶属现行学制系统之

---

① 整理者注：录自《十力语要·卷二》。

内,亦决不沿袭前世遗规。论其性质,自是研究高深学术的团体,易言之,即扼重在哲学思想与文史等方面之研究。吾国年来谈教育者,多注重科学与技术而轻视文哲,此实未免偏见。

二

前月十九日,寇机来袭嘉。吾寓舍全毁于火,吾几不免,幸所伤仅在左膝稍上,一仆拥持,得脱于难。然痛楚缠绵,已历多日。兹值开课,念天未丧予,益不得不与诸生共勉。以上所言,本无伦次,然要皆切于诸生日用,譬之医家治病,每下毒药,然其出于救人之真心,则无可疑也。诸生幸谅余之心焉。

中华民国二十八年九月十七日　熊十力

附记:复性书院创建于(民国)二十八年夏,院址在四川嘉定乌尤寺。余应聘不多日,以病辞职,然存此讲词,以备来者参考。十力记。

与贺昌群(摘录)[①]

熊十力

一

才发一信,附转陶生求入院函。鹿场又送到惠书,文字甚好。马先生过渝时,为吾称美左右不已。得此函,益信其然也。所云简章、细则等件均未见到,邮递稽迟,尤以包封之件为甚,未是失落耳。吾与马先生所商,不必就目前办法而言,足下似未深察也。吾岂欲于此时弄一大的架子者乎?草创之初,不能多集生徒,吾

---

① 整理者注:录自《十力语要·卷二》。

何尝不知耶？顾吾侪始事之精神，总不宜以寺院遗规为是，必务顺时之宜，得罗高下大小之材，使一般人不以是为畏途而皆愿至。材之下与小者多至，而较高较大者，行将出于其间。天道不遗靡草薄物，化育所以宏也。观佛家戒律，皆因人因事而制。从其所制之戒，察其犯戒之情，其门下猥杂，抑可谓赖耶含藏一切染污种矣？不如是，又焉得有菩萨出其间耶？吾欲予学生以研究院同等资格者，庶几可以聚天下之才耳。即此时不欲遽更章则，要当蓄意徐图之，否则如少数和尚住庙。吾虽老而颠沛，敢忘沟壑，不容不舍去也，谁复能于死灰中过活耶？虽曰此时不及拓开，要当宏兹意愿，具个萌芽，作始也简，将毕斯巨。

二

今兹书院，宜上追孔门之规，一切兼容并蓄。是在吾侪造端时，有此博大精神，方免后来流弊。前谈阳明与滁生故事，至堪玩索。吾颇有许多意思，患精力不给，未得尽所欲言，拳拳之心，唯期贤者相与究心大业。马先生道高识远，吾非虑其有所拘也。前见所拟书院草案，归本六艺。吾国诸子百氏之学，其源皆出六艺，马先生所见甚谛。今后如欲新哲学及新文化之启发，虽不得不吸收欧化，要当滋植固有根荄，方可取精用物。吾于马先生大端上无甚异同。唯书院应采何种办法始堪达到吾侪期愿，恐马先生犹将执古之道以御今之有，未得无碍耳。关于学生资格问题之诤，吾《答刘公纯》一函，极为扼要，马先生以世情议之，过矣。此信仍便陈马先生一看。

与刘冰若[1]

熊十力

学者穷理,常是傥然悟得。然若恃傥悟便足,则不足以成学术也。必于傥悟之理,仍博求之事事物物而究其千头万绪分殊之理。既甄明分殊之理,而仍会归于傥悟所得之通理,则傥悟者始征实。而学术由此成,知识由此精矣。中国先哲都缺却傥悟以下仔细工夫,此宜鉴戒。

熊十力大师传[2]

燕大明

师与吾同里。其祖某,木工。祖母华,乞食膳其子读书,遂城诸生,即师(之)父其相先生也。师幼年自负,尝曰:举头天外望,无我这般人。弱冠从戎,肄业湖北陆军学校,参加革命,谋刺张彪。张彪者,张之洞所属之统制,握全省兵符。事觉,亡命鄂西施南诸山中。事缓,归乡授徒。辛亥举义,任湖北督军府参谋。退役,迁居江西德安乌石门芦塘畈,裹兄弟躬耕,仍不废学。始悉严复所译书,初与西欧资本主义文化接触,对旧文化多异词。复专精王夫之学,王书卷轶浩繁,词旨繁复,多能成诵。王书大旨在张子正蒙注及周易内外传诸篇。其人生观根本精神是这样:个人精气与宇宙贯通融合为一,改造个人或扩充个人精神直与宇宙融通,即改造宇宙、改造人类社

---

[1] 整理者注:录自《十力语要·卷二》。
[2] 整理者注:本文根据作者手稿整理。

会。船山有这样一段话:"抟揽清刚粹美之气于两间,阴以为功于造化,圣人尽人事以成天功之极致,唯此为务焉。"又曰:"吾虽贫贱,亦有居吾下者,亦有取于人者,勿见可为而即为,见可欲而即欲,以求异于彼而不为风气所移,则孤月之明炳于长夜,充之可以任天下。"这些意义系由《周易》所引申。文言曰:"潜龙勿用,阳气潜藏;见龙在田,天下文明,终日乾乾,与时偕行。……潜之为言也,隐而未见,行而未成,是以君子弗用也。"师常称道"引以为功于造化"的意义。后来仍不能快然自得。同邑有何季达先生者,师之信友,曾赠师诗:"何物贞生[①]与季子,飞来并向人间止;正乘今已廿余年,欲向死中求不死。"探究人生本原,于死中求不死,是师向所系念者。于南京内学院学佛,盖萌于此。

内学院系宜黄欧阳渐竟无先生所创立。欧阳先生出石埭杨仁山居士门。居士精力过人,凡书一目便记解无遗,不事再读。意若曰:不足读矣。一日于旧书店翻阅佛经,却不了解。乃专事钻研,遂通三藏,皈依释迦,其毕生受用处,只是:"扬宗贤首,行在弥陀。"传学与欧阳先生。

欧阳先生则专精唯识宗,著《瑜伽师地论序》,章太炎先生见之,谓其识独步千祀。

佛说宗派多门,唯识宗其一也。其所论列者为眼、耳、鼻、舌、身、意、末那、阿奈耶等八识。阿奈耶是人生本原,同时又是世界本原。由其说讲来,并无所谓物质世界,只是阿奈耶识所诈现。人各一阿奈耶,人各一世界,世界相似,譬诸众灯共明,遍照非一。其说甚诡。

[①] 燕大明原注:师原号子贞。

师教授北大时,著《新唯识论》反欧阳先生旧学。欧阳先生授意刘衡如作《破新唯识论》,师又作《破破新唯识论》以报。嗣后分道扬镳,各是所是,成为中国佛学史上一大公案。

《新唯识论》内容如何,不暇具论。惟黄侃语师曰:"宋明儒阳儒阴释,公乃阳释阴儒。"师笑而不答。

先此,师每书成,必函授,因知其所学梗概。师晚年著《原儒》,通行海外,独不函授。盖以大明年老孤僻,视为叛徒故也。

师于性命之学,始求之船山,继求之宜黄(欧阳竟无),七进七出,皆无所得而反求诸儒,则是事实。一九五三年寓师所,师常语予:"秦汉以后无学问。"则其于儒术造诣可想。大抵去世前,所学愈自信,愈自珍惜。而信奉之者愈寡亦是事实。师处世接物,坦率诚笃,从无欺隐。朋辈有过常面责,此虽不快,久之弥念。马一浮谓其"真气感人"有以也。其为学独抒己见,从不傍人门户。四川陶开士称为"奇男子"赠诗颂师,师答诗有云:"君诗颂我非知我,往来古今一念持。"又,师称欧阳先生高视阔步,以气胜;吾则独步,以神胜耳。

辛亥之冬,吴寿田、刘子通、李四光与师皆黄冈人,同聚武昌雄楚楼,共出一纸,各言其志。吴写旧诗一首:"问君何故居碧山,笑而不答心自闲。高山流水渺然去,别有天地非人间。"刘云:"持而不有,为而不恃,成功而弗居,若有心,若无心,飘飘然飞过数十寒暑。"李云:"雄视三楚。"师则曰:"天上地下,唯我独尊。"吴参加辛亥革命,后穷病孤独,死于上海。刘曾留学日本,亦曾研究佛学,忽弃去,于武昌组织共产党,同时任湖北女子师范学校教员,鼓动学生驱逐校长,时王占元为湖北督军,驱逐出境,穷病北京,归乡死。由今看来,四人所言,各断定其终身,盖谶语也。

师交游遍海内,同里有陈新门先生者,论年则吾父执,而下交于予,善谈名理。尝问先生:何谓"现量"?答:"符到奉行。"问:何谓"符到奉行"?答:"全无分晓。"陈常与赌徒为伍,参僧道求食,又奇穷,其妻行乞,不羞也。人皆贱之,师独乐与游,谓为柳下惠之遗风也。沔阳张难先生,师辛亥前老友,乡居种菜牧猪自给,师每称道,引以教育后生。师居西湖广化寺与马一浮过从,马亦晓儒佛之说,有合有不合。欧阳先生门下,若澂、陶开士、刘衡如、陈铭枢辈与师友谊各有浅深,大抵重视师所学者近是。师闻名后,称门人后学者不可胜数,不暇品题。

师事兄仲甫先生如严父,爱护侄辈如己子,念及老姊必哭泣。予每有患难,师则挺身多方将助,于学术及操行,提撕含茹数十年如一日,盖笃于孝悌、信于友生,人无间言。予阅世久矣,几见斯人!

师长人伦鉴,一言片语,断定终身。独谓予曰:"汝不能官,当以著述显,然违才易务亦不能致也。"予缮稿多种,尤其《三统术发微》一书,补刘歆之缺,纠钱大昕、李锐之误,皆有数理可据而非信口雌黄,私谓绍两千年绝业贮之箧笥,从无过问而好之者,其不显可知矣。岂师鉴术不效,抑违才易务所致耶!传师至此,为之搁笔,发一长叹。

师著有《尊闻录》《因明大疏》《新唯识论》《破破新唯识论》《原儒》等。有男世菩,女幼光、再光皆能自立,世其家。

一九七六年十月六日学生燕大明谨传于武昌紫阳泽畔之寄庐,时年八十有四。

又：十力大师传补

梁漱溟谓师曰："夜半初觉，一颗柔嫩之心便是仁。"师曰："非也。《论语》：刚毅木讷近乎''士不可以不弘毅，任重而道远，仁以为己任，不亦重乎！死而后已，不亦远乎！''刚毅''弘毅'方是仁。"

论语十九："孟氏使阳肤为士师，问于曾子。曾子曰：上失其道，民散久矣。如得其情，则哀矜而勿喜。"船山论之曰："以千条万绪之恶，不堪含润也。"师曰："船山谙佛理。士师得情，如不以哀矜之心临之而喜得其情，则于阿奈耶中散播种子，滋蔓蕃衍，便沦无底，永不得拔。"

师不言诗，善论诗。尝问师：白乐天"离离原上草，一岁一枯荣。野火烧不尽，春风吹又生"，沈佺期赏之者何也？师曰：善其生生不息之意。又问师：船山谓"日暮天无云，春风扇微和"，想见陶令当时胸次，其意何诸？答曰：船山见是，但尤在于春和太息并运于怀。念花月不久，诸行无常，刹那生灭也。渊明原诗：日暮天无云，春风扇微和。佳人美清夜，达曙酣且歌。歌竟长太息，持此感人多。皎皎云中月，灼灼叶中花。岂无一时好，不久当如何。

师鄙视唐宋八大家诸文人，尤其于韩愈曰：直当以足踢之耳。

师于乡先贤特推崇熊襄愍公，痛恶东林党。襄愍弃市献词，系东林党徒邹元标附阉人魏忠贤所为。每言之愤怒。

诸葛武侯诫外甥书，师每引以教育后学。谓其"静以修身，俭以养德，淡泊明志，宁静致远"，原自老庄。恶枯落不接世，与斯人为徒之义也。若不遇昭烈，躬耕以老南阳，与渊明诗酒柴桑，其分量有间矣。

迹师言行学术：不欺则温公，光明则皎日，贯通儒佛，别开生面,则登东山登泰岱,小鲁小天下。直当正告天下万世。

一九七六年十一月二十三日学生燕大明补述

熊十力年表(摘录)

燕大明

1937年　五十三岁

2月,《佛家名相通释》由北大出版组出版。

7月8日,由弟子刘锡嘏(公纯)陪同,装成商人,从南城逃离北平,乘运煤的货车返汉。路遇大雨,衣履尽湿。是冬曾返黄冈,住团凤粮道街。

是年,于湖南郴县创办"十力中学",由弟子燕大明主持。

冬春之际入川,先住重庆,旋到璧山。璧山县中学校长钟芳铭欢迎他住下,学生刘公纯、钱学熙夫妇随后到达。与邓子琴、钱学熙、刘公纯、陈亚三、刘冰若、王绍常、任伦昉等学生相依于忧患之中。

1938年　五十四岁

夏,为诸生开讲中国历史,弟子记录整理成《中国历史讲话》,大讲五族同源,为各民族共同抗日提供理论与历史依据。由中央陆军军官学校石印若干册。

冬,指导钱学熙译《新唯识论》文言为语体,为译成英文做准备。后钱学熙因事离川,暂停。

是年,贺麟、任继愈从重庆南温泉去璧山看望熊十力,熊亦大谈"五族同源",并且很得意地讲述他如何解决了"回族"的起源问题。

1939年　五十五岁

7月,欧阳竟无作《答陈真如书》,严厉批评熊十力。

夏(约八月初),马一浮主持的复性书院于乐山乌尤寺内创建,熊十力应马先生之聘,提任讲座。乌尤山位于三江交汇处的江心中,乐山大佛的对面,风景绝佳。书院以复性为旨趣,讲明六艺四学,行政由沈敬仲、乌以风、张立民等负责。

8月19日,熊先生在乐山遇倭机轰炸,居所全毁,左膝受伤,积稿尽焚。

9月13日,书院举行开讲礼。15日,正式开学。17日,熊十力作《复性书院开讲示诸生》。

10月中下旬,熊十力离开复性书院。早在书院创办前,熊、马就有分歧。熊希望办得很大,请马一浮学蔡元培;马一浮因经费短缺,主张量力而行。熊十力来书院后,在书院规制、用人和学生没有文凭等问题上与马先生有分歧,认为马先生"执古之道,以御今之有";马一浮主要希望培养几颗读书种子,学生自愿来读,其他一切不管。时武大迁至乐山,教务长朱光潜请熊十力作短期讲学。熊十力还去鹿角场邹鹏初(熊氏学生)家住了一段,不久仍返璧山,与梁漱溟等借住来凤驿西寿寺内。时支那内学院迁至江津,熊十力去看望欧阳竟无。

12月,欧阳竟无作《答熊子真书》,严厉批评熊十力。

冬,熊十力与韩裕文移居来凤驿小学校长刘冰若处,韩裕文续接钱学熙译《新唯识论》，完成转变章，至是，《新唯识论》（语体文）上卷脱稿。

1940年　五十六岁
夏，《新唯识论》（语）上卷，由吕汉财资印二百部。
是年，梁漱溟创办勉仁书院于北碚，约先生前往主讲。
是年，仍住璧山来凤驿，与梁漱溟过从。

1941年　五十七岁
4月，汤用彤的晚辈亲戚周封歧资助印行《十力语要》（卷二）四百部。
秋，先生自译《新唯识论》（语）中卷脱稿。
10月，赴北碚勉仁书院主讲。

1942年　五十八岁
1月，《新唯识论》（语体文）上中两卷由勉仁书院哲学组出版。
6月，发表《论周官成书年代》。在浙大《思想与时代》连续发表《论体相》《论玄学方法》《儒家与墨法》《谈生灭》等文。
是年，仍住北碚。居正、陶希圣、郭沫若、贺麟、唐君毅等曾来探访。方东美致函讨论佛学，作《熊十力学述评证》手稿。太虚发表《新唯识论语体本再略评》。
是年，与流徙贵州遵义的浙江大学谢幼伟、张其昀、张荫麟等教授结文字交。留学回国的哲学家谢幼伟十分欣赏《新唯识论》，认为可与英国哲学家布拉德莱会通。

1943年　五十九岁

1月，发表《哲学与史学——悼张荫麟》，认为哲史应兼治而赅备。

2月23日，欧阳竟无逝于江津，专程往吊。

3月10日，复书吕澂秋逸，支持、信任由吕澂主持内院院务，对内院如何培育人才提出了自己的看法。随信附《与梁漱溟论宜黄大师》。16日，又致函吕秋逸，批评佛教的"闻熏"义。

4月2日，吕澂复函反驳，双方展开论战。自三月十日至七月十九日，熊致书九通，吕复书七通，往复辩难。总起来说，吕批评《新唯识论》类中国佛学伪经（如《圆觉》《楞严》）、伪论（如《大乘起信论》），认为西方佛说与中土伪说根本之不同，一在根据自性涅槃（即性寂），一在根据自性菩提（即性觉）。印度佛学的心性本净一义是本源，性寂乃心性本净的正解，性觉说则是望文生义，圣教无征，讹传而已。

春，《新唯识论》（语）下卷完成，与上中卷合为一书，并做了一些改动。

8月1日，北大校长蒋梦麟续聘熊十力为文学院教授，特准可暂时不到校上课。聘书由昆明办事处发给，熊先生接受西南联大发给的薪水或代用品，但一直未到昆明去，滞留巴蜀治学。

是年，他曾在《孔学》杂志第一期发表《研究孔学宜注重〈大易〉〈春秋〉〈周礼〉三经》，在勉仁书院讲授此三经，又曾与侯外庐通信辩论船山哲学。陈立夫来拜访，熊氏颇不悦。

是年，徐复观开始与熊先生通信、交往。起死回生的一骂，徐复观后来选择了新的生活道路，著作等身，颇有慧识，在港台地区是熊先生除唐君毅、牟宗三之外的第三大弟子。

1944年　六十岁

1月,在《哲学评论》刊载《新唯识论问答》长文。

2月,始撰《读经示要》(11月完稿)。

3月,《新唯识论》(语)上中下三卷由重庆商务印书馆作为中国哲学会中国哲学丛书甲集之第一部著作出版,标志着熊十力哲学思想体系的完全成熟。依文言文本可将熊氏视为新佛家,依语体文本则应视为新儒家。此书与稍后的《十力语要》《十力语要初续》等,构成了熊十力新儒家哲学思想的主要内容。

1945年　六十一岁

9月2日,倭降。发表《论汉学》。

12月,发表《说食》。三十万字《读经示要》由重庆南方印书馆作为中国哲学丛书甲集之三印行,是熊氏文化哲学、政治哲学、历史哲学和思想史专著。

抗战时期,熊十力(1885—1968)、冯友兰(1895—1990)、金岳霖(1895—1984)、贺麟(1902—1992)在吸纳古今中西印基础上,探索传统哲学现代化,发愤创制了各具特色的民族化哲学体系。他们摆脱了中西文化碰撞中的情绪化对峙,开始了真正意义上的"新的综合"。

1946年　六十二岁

春,由重庆返武汉,住汉口保元里12号连襟王孟苏家。王是银行家,平素对熊十力家多有资助,熊十力小女再光曾过继给他。

是春,蒋介石曾令陶希圣打电话给湖北省主席万耀煌,送一百万元给熊十力办研究所。万派人送给熊,熊当场退掉,来人说回去不好交差。熊说,这不关你们的事,我熊某对抗战既无寸功,愧不敢当。

4月,回北大。

吾友宜欣与明贞女士结褵于北碚温泉公园率为俚句二十首以博一粲

邓子琴

十月梅花度小春,嘉陵江上钿车新。钟郎欲更将诗品,赋得关雎已绝伦。①

杳霭青空峡水长,一会巫山窈窕娘。此曲分明天上有,子期乍得谱霓裳。

久向莫耶访蕙荃,佳人傍舍弄潺湲。试随俗例夸州谱,第一辞流王子渊。②

半菽岂为岁俭时,一麻一粟未堪奇。料知早厌稻粮味,不让当年女鍊师。③

怅望银河未有津,彭刘犹幸能通神。始知心迩灵犀利,脉脉无言意最真。④

不比翠眉新妇娇,冰纨小字试狼毫。牙签万轴待亲理,曾入琅嬛习郑樵。⑤

---

① 邓子琴原注:宜欣到温泉仅携诗经一卷。
② 邓子琴原注:女士资中人。
③ 邓子琴原注:女士不饭稻常食豆类。
④ 邓子琴原注:彭、刘骘、曼青、冰若介绍人。
⑤ 邓子琴原注:女士近习校雠编目于璧山图书馆。

炎天曾赋定情诗，流辈一时颇念之。惟有屈王尤灿烂，诗钩探尽又评棋。①

摇落乾坤一草堂，缙云山曲隐庚桑。草玄剪取千秋业，证尔鸳盟日月长。②

平厚应添警策情，不然漫汗失丹青。调和正赖房中乐，烈士中年读道经。

寄托藐孤古所难，平生恩义重潘安。风人最富深微意，小弁一章着眼看。

商量裁得谷罗衣，针工况复擅当时。为提画笔添误字，角枕绣成绝妙词。

斑驹得得出青关，道上行人驻足看。红叶紫枫添意气，春心一片描画难。

浅绛衫子最风流，手把兰桡上小舟。入眼阳台看不尽，朝朝暮暮蜀江秋。

狮峰桀桀势超群，黄菊花开对碧云。一段天缘元旧史，钟家书法韩家文。③

玉泉阴火暖融融，一笑鸳鸯入水中。前代流风谁可拟，依稀骊下华清宫。

韩江潮势接钟山，青鸟归飞报丽环。无限秋花增妩媚，倚栏人在画图间。

烛光远在天之涯，嘉庆揭来拜岁华。料得双双含笑问，罗泉井畔韩侯家。

---

① 邓子琴原注：屈王为其雄、朝隆、介文诸君。
② 邓子琴原注：证婚人黄冈熊先生。
③ 邓子琴原注：狮子峰在缙云高处。

脚跟红线断也频,来凤驿边两度尘。只为惜花□□□,愁君何以谢冰人。①

江南未必有谢安,□□虏马惊波澜。应识小戎诗句好,一军常驻燕支山。

十载心期乐育才,繁霜已过一阳来。故人钟子多情甚,不负好逑慰友怀。

附:宜欣云明贞女士有三年为婚之约,诗以调之并盼十月来此成礼,勿再误期

一日三秋古所恨,三年再待真无聊。颇疑早是神仙眷,一转秋波意已消。②

神女阳台峡水中,嘉陵江上动秋风。安排金屋③不须缓,一树华清梅早红。④

王赐川复刘冰若书

(附汤锡予《玄奘窥基哲学资料选注》摘录)

冰若长者:

手书敬悉。

陈寅恪的著作很少。解放前他在商务出版过《唐代政治史述论稿》《隋唐制度渊源略论稿》两书,其他就未见过有何著作了。他是一个不大爱发空论的,但写下来的东西就一定有质量。听说

---

① 邓子琴原注:脚跟红线借用松源岳□□语。
② 邓子琴原注:色界天人,相视即成欲事。
③ 邓子琴原注:与宜欣看宜八功德水上面。
④ 邓子琴原注:近公园花开极热闹。

大不列颠曾在解放前邀他去翻译汉书。他眼是瞎的,堪称现代中国之左丘明也。其他情况则不知。汤锡予63年已逝世(北大副校长),著作亦较少,《魏晋南北朝佛教史》是其代表作。以上几书,解放后均曾重印,足征其价值之高(汤作是修订本)。

《玄奘窥基哲学资料选注》系手稿本,未曾刊布。仅有一手稿本。我读后感到议论层层深入、步步递进,颇有意思。但过去无缘,未学斯学,今日又读不懂,故询问于长者。长者欲读此文,我恐寄失,故抽暇重抄了一份给你寄来。最先我拟摘要抄誊,但感到我无此水平,故除弁言和小结有所省略外,其余均照抄。但由对斯学陌生,加之事务繁杂,抄写匆促,缺之校勘能力和时间,故错字是有的(有的字打有问号,因不易分辨)。这里对长者有个要求:希长者将此文读后,写一个千余字的语体文提要,使弟能对阿赖耶识等问题有所了解。

熊先生的文章无时间看,我也并无何成见可言。解放前有王介文来文教院学,他是璧山人,曾受业于熊先生(川大毕业后)。不知长者认得此人否?不过此人狂妄自大,无有修养,没有多大意思。

我近来读了哲学文选的许多文章,如庄子《齐物论》、《天下篇》等等。过去未读过庄子,今日才对庄子文章作了一些欣赏。

敬祝

安好

弟赐川敬复
11.16

附：汤锡予《玄奘窥基哲学资料选注》(手稿本)摘录

王赐川手抄

《成唯识论》一书是集了唯识学之大成的著作。今取论中要义和有关资料，注释其义，以见其哲学思想之一端。

一、唯识学所破除的是什么？

识即认识。唯识是说"只有能认识的心意，而没有离开能认识的心意以外的境界"。这是一般的见解。不过，具体说来，那离开能认识的境界应确有所指。到底它所破除和否定的是些什么呢？这在成唯识论里说得明白。

《成唯识论》一卷中说：

"颂曰：由假说我法，有种种相转，彼依识所变。"

"论曰：世间圣教，说有我法，但由假立，非实有性。我谓主宰，法谓轨持。彼二俱有种种相转。我种种相，谓有情命者等，预流一来等。法种种相，谓实德业等，蕴处界等。转谓随缘施设有异。"

【注释】此段文章即具体解答唯识学所要破除否定的是"我"和"法"。所以它说"但由假说非实有性"。"我"是什么？《论》自答言："我谓主宰。"《述记》释云："主谓自在，宰谓割断。"即是说于每一有情身中有超于其心意形骸之上而常存自在不变不坏的"我"，为身心之主，而司其宰割驱供身心之用。一切皆听命于它。在不常不一业识流转身心相续以外认为别有常一真实之"我"为其主宰，这便是唯识学所要破除的。

"法"是什么？《论》自答言："法谓轨持。"《述记》释云："轨谓轨范，生它物解。持谓任持，不舍自相。"此持守自性，轨生物解的

"法",用现今哲学名词翻译,即是观念和理念。哲学上的观念理念与心理学上之概念有所不同。心理学上的概念不过是人们在一般具体事物中,依类概括总合以为一事,而名之以为色声香味等、地水火风等。在唯心主义哲学家所说的观念理念便认为,凡具体的个别的变化的色声香味地水火风等,都有其抽象的恒常的统一的而且是最真实的色声水火等观念理念为其自性,而给人们以了解。因此,没有观念理念,事物便会失掉自性,人们如不认识观念理念也便对一切事物完全无所了解。这样的观念理念便是唯识学所说的遍计所执法。因此,在《真实品·和摄大乘论》中把它称之为言说自性。而以种种的理由给予破斥。此中不能详述。

除了破斥一身主宰之"我"和超乎具体事物之"法"以外,同时也破斥认为有整个宇宙主宰的造物之神。此论和余论中所破之大梵天、大自在天等都是。因之,它所要破除的并非现存之星球世界,而只是主宰它的神。并非五蕴聚积、业识流转的有情,而只是主宰于其身中常恒不变的"我"。并非具体的现实的先天变化的事物,而只是抽象的超越的常恒的轨持之"法"。因此它说:"有种种相转,我种种相谓有情命者等、预流一来等。法种种相,谓实、德、业等,蕴、处、界等。"即是虽否认有"我法"而"我法"所依据的相还是有的。并且正因有种种"我法"所依之相,然后世间才有"我执""法执"生起。圣教为要令人觉悟"我执""法执"非真,也须依彼种种之相施设言教,令彼了知"我""法"非实。以是故说:"转谓随缘施设有异。"

二、唯识学所说明的是什么？

"我法"虽是非有，而彼所依之相不无。相既种种不同，施设亦随缘有异。那么世间便不只有能认识之心，亦有所认识之境了。为什么说唯识呢？为答此疑，故颂续言：

"彼依识所变。"

论曰："如是诸相，若由假说，依何得成？彼相皆依识所转变而假施设。识谓了别。此中识言亦摄心所，定相应故。变谓识体转似二分。相见俱依自证起故。依斯二分施设我法。彼二离此，无所依故。"

【注释】这一段文字，正说明一切"我执""法执"所依诸相，皆由内识转变生起。"识谓了别"，即认识之业用，亦心意之异名。"此中识言亦摄心所，定相应故"，是说唯识家所言之识不但有心，同时还有心所有法，如受想思等。了别之用在识，领受苦等在受，施舍名相在想，对境役心造作反应为思，如是等。故一识言总摄心心所法。此心心所法皆以多分合成。一谓识体，即自证分。二者见分，三者相分。相分即是见分所缘我法所依种种之相。如青黄赤白等色相，苦甜等味相以及其他。自相显然。为见分灼然了别故名相分。见分谓于彼相分灼然觉知彼相如彼。自证分在识缘境相不但有彼相觉，亦更于此觉相之觉而起其觉。见分觉彼相，自证觉此觉，于觉起觉名自证分。心法如是，心所亦尔。皆具三分。我法诸相，于相分起。我法之执，由见分起。相见识依自证分起。所以说言：我法诸相，皆由识变。见相自证诸分义第二卷中更有评论，此不具引。

三、对境界的分析

怎么知道"我执""法执"所依诸相是由识变？见所缘境非离识自有呢？为解此疑，应对境界作详细的分析。《唯识枢要》卷三云：

"性境不随心，独影为随见，带质通情本，性种等随应。"

"总摄诸境有三大类。一者性境，诸真法体名为性境，这是真色，心是实心，此真实法不是随心三性不定……亦不随心同于一系，亦不随心一种所生，由相见各别体故。二者独影之境，唯从见分，性系种子皆定同故。如第六识缘龟毛空花石女儿等，皆是随心无别体用，假境摄故，名为独影。三者带质之境，谓此影象有实本质，如因中第七识所变相分得从本质是无？覆无记，亦从见分是有覆，所摄；亦得言以本质种生，亦得说言以见分种生，不定故。性种等随应者，随应是不定义。"

【注释】奘师门下分境界为三种。这是最有价值的分析。今天的心理学把人的感觉分为三种。一为正常的感觉（正确的），即性境；二为幻觉，由病态和妄想所起的幻象，即独影境；三是错觉（如杯弓蛇影），即带质境。独影不待质自，从心起。带质境虽亦有所仗之质，而境与质异，唯识家所说的三境比感觉、幻觉、错觉的范围宽得多，内容丰富得多。它是把记忆、想象都包括到独影境中的。把我执、法执、身边等见都包括到带质境的。把定境、现观等都包括到性境的。并不只于感觉、幻觉、错觉。然而即以幻觉、错觉来作证明，便知识之所缘是识自体所变之相了。因幻觉全无客观根据，错觉是与客观境界相违异的。这种种境界非识变而何？但性境又如何能说为识所变呢？此应了解亲所缘缘唯识所变义和色不离识义。

四、亲所缘缘唯识所变义和色不离识义

所缘之缘名所缘缘,《成唯识论》卷七云:

"三所缘缘,谓若有法,是带己相,心或相应,所虑所讬。此体有三:一亲二疏。若与能缘体不相离,是见分等,内所虑讬,应知彼是,亲所缘缘。若与能缘体虽相离,为质能起,内所虑讬,应知彼是,疏所缘缘。亲所缘缘,能缘皆有,离内所虑,讬必不生故。疏所缘缘,能缘或有,离外所虑,讬亦得生故。"

【注释】此段文义"谓若有法"是说凡作所缘缘者是现有的法,已灭、未生、兔角龟毛等非有之法便不能作所缘缘。"是带己相,心或相应"者,是说对谁作所缘缘,只有对心或相应方作所缘缘。相应谓心所有法,除此二者,不对色法不相应行法和无为法作所缘缘,以彼无有缘虑用故。虽对心或相应作所缘缘,然非泛对一切心所法皆作所缘缘,它只对于带己相的心心所法作所缘缘,如眼识带色相而起,色便于眼识作所缘缘。耳识带声相,意识带法相,则此声香味触法便对耳识乃至意识各别作其所缘缘。带有变带义,非挟带义,此中不详。"所虑所讬"者,是说所缘缘的职能功用。它之所以为缘,则以它为心心所法之所"付讬"而起,离境界缘,心不生故。这是诸缘的共相。"所虑"则说它之所以为所缘缘的别义,它不但为心所仗讬而生,同时即便缘虑彼而起其了别等用,知其为何是何,并且应当对彼如何如何而施其反作用,这便是它之所以为所缘缘者,以其既为识所仗讬而生,同时又缘虑彼也。这是所缘缘的定义。

次出其体。论云:"此体有二:一亲;二疏"。一为亲所缘缘,它是与能缘体不相离的,它是见分等内所虑讬。言见分等者,意指相分为见分的亲所缘缘,乃至自证分的亲所缘缘,如是等。显

作亲所缘缘非只相分,故加等言。但此时所应了知的不在见分,只在相分。二为疏所缘缘,它是与能缘法体相离的。怎样离法呢?因为有亲所缘缘在中间把它同心心所法隔离了,所以说"体色相离"。既然离隔了,能缘且缘虑仗讬它否?答,仍然虑讬,不过是间接的虑讬,通过亲所缘缘而虑讬,因之它只能是疏所缘缘。这是它所能缘的关系。它与亲所缘缘的关系呢?便是为质能起内所虑讬。此说相分之起,诸有质者,必仗本质而似彼生。若无疏所缘缘,其亲所缘缘即不生故。

最后说一识之生、亲疏二缘之有无。亲所缘缘能缘皆有,纵缘龟毛兔角、我执法执,虽无本质实龟毛等,而识上变似龟毛等相之相分必定有故。迷信天神纵无天神,彼虔信者心目之中赫然有神在其前故。彼即自识相分。"疏所缘缘,能缘或有,离外所虑,讬亦得生故",即如缘龟毛兔角我法之神等相,非有疏所缘缘故。

以上这一大段文章作用安在?意在证明不随心的"性境"并非离识而被识所亲缘的。因此,玄奘作了真唯识量,亦即真色不离眼识量。量云:

"真故极成色,定不离眼识。(宗)

自许初三摄,眼所不摄故。(因)

同喻:如眼识

异喻:如眼根。"

此一比量《大疏》因有译释,今只就"色定不离于眼识"这一意义作详细的说明。

所谓色者,是眼识所缘的境界,于三境中属于性境。这是无人反对的。同时世人的看法总觉得各种颜色是客观事物本身具有的。人们见色,即是直接看到了事物的本身。因而说色是客观的,而对色的感觉认识则是主观的。主观属于人,客观属于物,它们原是各不相关,体各分离的。两者接触时便生起色觉了。但在唯识学家看来并不如此。唯识学家并不否认客观事物的颜色,但它只把客观事物自身所具有的颜色称之为眼识的疏所缘缘,也就是色觉之起所必须虑托的。但它说:为眼识所亲缘的并非客观的颜色而是主观的眼识疏托外色而自变现的相分色。这自识亲所虑托的色何以知道了就是外色呢?因为眼识所见的色,与外境色有很多的不同处:如有大小(远近)、形式(角度)、明暗(光线)的不同,故人们所见之世界并非事物之实体而只是其图画。人生宇宙间,小之一树一草,大之整个世界,从生到死,不曾见到它的原形本色,只看了无量数的图画而已。近代之生理心理学家也说视觉器官同于一具照相机,其视觉神经网则感受片也。人之视觉便由它们而传给大脑的。唯识学家则于扶根尘和净色根外另立眼识。外色诚然要通过净色根——眼根,摄取色影,由此生起眼识。但眼识所缘之色是经过照根上色影而加工放大,且反射之于原起方位以为目境的。不然人之所见何以不在眼球之内而在其外,不是微尘灰末而是大地山河呢?由此可知,眼识所缘的色并非外境实色,而只是内境相分,即内所虑托,目识所变的亲所缘缘。而外境之色则不过是"为质能起内所虑托"的疏所缘缘而已。它既是目识所变的相分色,所以说:"真故极成色,定不离眼识。"眼识所缘如是,其余诸识所缘之境亦然。《成唯识论》卷七云:

"极成眼等识,五随一故,如余,不亲缘离自色等。"

"余识,识故,如眼识等,亦不亲缘离自诸法。"

"此亲所缘定非离此,二随一故,如彼能缘。"

"所缘,法故,如相应法,决定不离心及心所。"

共四比量,次第成立五识,六七八识,绝不亲缘离自识境,亲所缘缘定不离于识自体分,疏所缘缘决定不离心及心所。由是可知,一切心心所法皆不亲缘离自识境,一切境界皆不离于能缘彼识。唯识总义,应如是知。

五、阿赖耶识在唯识学上的地位

如上所说,虽然已能解释识亲所缘皆不离目识境,但既然承认有离识的疏所缘缘,有离眼识等的客观世界,唯识之义仍是不完全,不彻底的。唯识学家却有阿赖耶识变现根身器界以答此难。……此但引奘师《八识规矩颂》八识两颂略示方隅。颂云:

"性唯无覆五遍行,界地随他业力生;二乘不了因迷执,由此能生论主诤。浩浩三藏不可穷,渊深七浪境为风;受熏持种根身器,去后来先作主公。"

【注释】阿赖耶识,此名藏识,以具所藏执藏能藏义故。受诸法熏习是所藏义。持诸法种子是能藏义,如第七识执藏以为实我是执藏义。以是三藏义名之为藏识。它性唯无覆无记。相应心所唯有能作意受想思五遍行心所。它的功能业用本颂但说五种。一者受熏,受前七种转识现法熏习。二者持种,既熏习已即被此识执持以为后来再生诸法之种子。因此,此识能总持一切现法之成果,经验学习业力行为知识能力得以保存。因而复为后时一切现法即前七识心心所等生起的源泉。若无此识,即行业无果,现法无因了。三者它又能执受根身,使此四大造色聚集之色身成为有机的,有感受的,能生长发育的,能发生诸识的有情自体。若无此识,根身即成死尸,一切作用皆当停息了。四者它又能变身器界,以为自体——根身之所依住,亦为之识受想行等一切活动的舞台。此由共业所感故,与同界同趣有情共同感得此器世间,虽各自识变,而为互相接触共同受用共同作业的器界。五者"去后来先作主公",此说此识为根主,既能执受根力,所以色身之所以成为有执受的根身,待它之来,色身之所以停息作用变为死尸,待它之去。它来得最初,由它结生;去得最后,由它死殁。有情生死近立于此识也。这便是此一识的五大功用。或有疑言:佛说诸法无我,何得有主公之识?所以此颂非奘师之作。不然。主公原是譬况之词,并不同于真常主宰之我。初颂"界地随他业力牵",令八识流转三界九地者当有第六意识的业力以为主动,它反转成了自无主宰的被牵引者,这还有何我相可言。唯识学家常以六识为作业之主,然非不待因缘,亦以八识为受根之主,更受制于业力。二者皆为依它起性,怎能说作颂的人以八识为"我"?通观两颂,理自通耳《阿毗达摩经》说:

"诸法于识藏,识于法亦尔,更互为果性,亦常为因性。"

这便是本识转识的互相关系,因之它虽有内变根身、外变器界,为生命之根本,为万法之泉源。然而随业力以缘境风而鼓浪,受转识之熏习,缘圣道而转依,它并不同于愚人所执之"梵天""上帝"为造物之主宰,它与转识平等相依相待,譬如芦束,互依不倒,与我与神无丝毫共通之处。这便是它在唯识学上的地位。它的地位是及其重要的,有了它唯识学才算是彻底而全面地讲通了。关于此识,《成唯识论》第三卷中有八教十理广为成立。关于所缘境界皆唯识变,《二十唯识论》《成唯识论》均有礼教证成。且如《成唯识论》卷七说:成就四智菩萨,能随悟入唯识无境。一相违识相智,二无所缘识字,三自应无倒智,四随三智转智:谓一随自在者智转智,二随观察者智转智,三随无分别智转智。理超繁广,此不复详。

六、不违法相,不毁一法,亦不毁于有情

问:上来所说识亲所缘皆识所变,岂不离识以外无色等境?若尔,即应无有色声香味地水火风一切色法。

答:不然,只说无有离识之色,不说无有不离识色,只说无有自心外境,不说无有自心内境,故《成唯识论》卷十云:"……或识相见,等从缘生,俱依他起,虚实如识。唯言遣外,不遮内境,不尔真如,亦应非实。"既许有内境,故依识所变色等非无。

问:既阿赖耶识变生器界,岂不宇宙唯一有情?

答:非一有情,一切有情各有阿赖耶识,各自有其器世间故。若尔,何不互碍?如声光电磁等彼此互通而不相连违。有情各有八识如何诚证?如《成唯识论》卷七中说:"……既有异境,何名唯识?奇哉固执,触处生疑,岂唯识言,但说一识?不尔,如何?汝应谛听:若唯一识,宁有十方,凡圣尊卑,因果等别,谁为谁随,说何法何求?故唯识言有深意趣,识言总显一切有情各有八识,六位心所,所变相见,分位差别,及彼空里所显真如;识自相故,识相应故,二所变故,三分位故,四实性故,如是诸法,皆不离识,总立识名。唯言但遮愚夫所执,定离诸识实有色等。若如是知唯识教义,便能无倒善备资粮,速入法空,证无上觉,救拔含识,生死沉沦,非全拔无恶取空者,能成斯事,故定应信一切唯识。"

【注释】法相宗分析世间法有五位,类有百种。一者心法,即八种识。二者心所有法,即相应行法,又分遍行五、别境五、善十

一、烦恼六、随烦恼二十、不定四,共五十一种。三色法,即五根五境及法处所摄色,共十一。四不相应行法,有二十四。五无为法,有六。共一百法。此之五位百法,前四位九十四种皆有为法,待因缘生,生已即灭,无常无我,名之为依他起性。次之无为,即诸有为法上二定所显本具真理,总名真如,别有多名。此之百法,由诸有为聚集相续,业识流转,心境交识便成世间,总曰有情。非离百法有何主宰入于诸法之中,而为我我。深观法相,即证常一主宰之我既空,又知有为诸法缘生性空,无实法体。无为法即真空理,非离有为有别实性,即由此故,观法亦空。由此便离我、法二执。虽去二执,而缘生业果非无,凡圣染净是有,由此建立圣教,说种二法。此法相学义也。唯识之义乍看似与法相不同,如何拨无色等,但说一切识耶?今此故言,识显一切有情各有八识,乃至真如,而以识自相故,识相应故,二所变故。从此一段文中可知:我执、法执是法相唯识之所同破,但法相是从分析下手,结果除掉五位百法便找不出实我实法来。唯识则兼言彼依识变相而假施设,则言我执法执生起之因由,不离于自心之执着也。至于有为无为,若事若理,则五位百法同者同许。唯识于此并不曾毁除一法,并且聚集相续为总的有情,亦不毁除。是唯识学于法相无一所违了。但有一义为唯识学所特为致力者,则以唯识之理,把五位百法的关系说了出来,使知五位百法不是各自孤立的,而是有体系有组织的。此一联系体系组织以识为主,统摄于识,然后作业受果,系统秩然,还灭解脱,功不唐捐,若非然者,从自心、境自境,主观之行持无影响于客观之转化,长此天地,陶铸百灵,有情之聚散生灭,始终不越出自然,而出世解脱菩提涅槃均无安定处所。以是佛教之学说思想，必至唯识而臻其极。《成唯识论》最后说言："或诸愚夫迷执于境""令自观心，解脱生死。"是为唯识根本理趣。

七、五量唯识观

窥基于《法苑义林章》卷三唯识章中出所观体有五量唯识观，善颂师教。其略曰：

所观唯识，以一切法而为自体，通观无为无识故。略有五量：

一、遣虚存实识：观遍计所执唯虚妄起，都无体用，应正遣空，情有理无故。遣者空观，对破有执，存在有观，对遣空执。今观空有，而遣有空。有空若无，亦无空有。以彼空有，相待观成，纯有纯空，谁之空有？故欲证入离言法性，皆须依此方便而入。非谓空有皆即决定，证真观位，非有非空，法无分别，性离言故。说要观空证真者，谓要观彼遍计所执空为门故。入于真性，真体非空。此一唯识言既遮所执，若执实有诸识可唯，既是所执，亦应除遣。

二、舍滥留纯识：虽观事理皆不离识，然此内识有境有心。心起必托内境生故。但识言唯，不言唯境，成唯识言，识唯内有，境亦通外，恐滥外故，但言唯识。非谓内境，如外都无。厚严经说：心意识所缘，皆非离自性，故我说一切，唯有识无余。华严等说：三界唯心……皆此门摄。

三、摄末归本识：心内所取，境界显然。内能取心，作用亦尔。此见相分，俱依识有。离识目体本，末法必无故。成唯识说：变谓识体转似二分，相见俱依自体起故。解深密经说：诸识所缘，唯识所现。摄相见末，归识本故。

四、隐劣显胜识：心及心所皆能变现，但说唯心非唯心所。心王体殊胜，心所劣依胜生，隐劣不彰，唯显圣法。故庄严云：许心似二现，如是似贪等，或似于信节，无别染善法。无垢称言：心垢故有情垢，心净故有情净等，皆此门摄。

五、遣象证性识：识含所表，具有理事。事为相用，遣而不取。理为性体，应求作证。摄论颂言：于绳起蛇觉，见绳了义无。证见彼分对，知如蛇智乱。蛇由妄起，体用俱无。绳藉麻生，非无假用。麻譬真理，绳喻依他，知绳麻之体用，蛇情自灭，蛇情灭故，名遣可执。其蛇空而悟绳分，证真观位，照真理而彰俗事。理事既彰，我法自息。

【注释】总观基师五量唯识观义，与成唯识论符同。一重遣虚存实，破除遍计所执，存依同事理也。二舍难留纯，为遮外境离自内识，因舍境界，但言识也。三摄末归本，见相二分俱识体变现，摄所变之末，归能变之心也。四隐劣显胜，心所劣，心王胜，言其胜者，劣自随也。此中三观，皆就依他起性诸法，挈领提纲，等注所缘，而言唯识。第五遣相证性，则是由散位而入定心，由有漏而入无漏，由加行而入现观，由闻思而得修证。以无所得心，离一切分别，实证唯识，即唯识之名相分别亦遣。三十颂云：若时于所缘，智都无所得，尔时住唯识，离二取相故。此见道事也。又云：无得不思议，是出世间智，舍二粗重故，便证得转依。此修道事也。由此方知，唯识之学，从学问思辨始，而并不以学问思辨终。并不以成一家之言为满足，所要乃在依教修证，即此唯识之分别执着而亦弃舍，乃以实证一真法界，唯识真如。在求转依，成正等觉也。能如是知，乃真正通达唯识之学。

八、略结

奘基唯识思想为"观念论"。然而他不重视观念,严破我法;不建立主宰,严斥天神。成一无神无我否定言说性法的唯心论。即此一端,已足惊奇。进而求之,必有更深之哲理可寻者。今故表而出之。平章是非,以俟来哲。

纪念熊十力先生诞生一百周年学术讨论会综述[①]

李维武

熊十力(1885—1968年)先生是中国近现代著名哲学家和爱国民主人士。1985年12月,北京大学、武汉大学等单位在熊先生故乡湖北黄州联合举行了纪念熊十力先生诞生一百周年学术讨论会。来自全国各地及美国、加拿大、苏联、日本的一百多位专家学者出席了讨论会。

与会学者一致认为,熊十力先生的一生,是坚持爱国民主、孜孜追求真理的一生。远在本世纪初,熊先生就投身反清民主革命,辛亥之后又参加护法之役。由于痛感旧民主主义革命的失败,他转而从事哲学研究,思考"中国何由停滞不进""革命终无善果"的历史原因与思想教训,对五四运动后中国近代哲学发展作出了重大贡献。熊先生融合中、印、西哲学,自创"新唯识论"哲学体系,内容深邃,论证严密,卓然成一家之言,对海内外学术界产生了深远影响。

---
① 原载《武汉大学学报·人文科学版》,1986年,第79-80页。

熊先生在他的半个世纪的哲学生涯中，曾出入佛儒，几经转变，其哲学体系深深扎根于中国传统文化土壤之中。因此，熊十力哲学与中国传统文化的关系，就成为与会学者关注的问题之一。一些学者认为，熊先生是"现代新儒家"的最重要的代表人物。熊十力一生治学所走的道路，就是宋明道学家们所走的道路。他虽然比宋明诸儒更能吸取佛教哲学精华，但在根源上却认同儒家，积极开创了一个以儒家思想为宗的哲学网络。他对佛学和西方哲学的研讨，都是为了探索复兴儒学的出路。一些学者则提出不同见解，认为熊先生治学立言的根本特点，是不囿陈说，力破门户，兼综博采，自立权衡。熊先生曾明确自称："吾唯以真理为归，本不拘家派……亦佛亦儒，非佛非儒，吾亦只是吾而已矣。"事实说明，对于熊先生的思想难以用某种固有的学派范式去加以评定，如呵斥其乖违佛理，或赞美其不坠儒宗，似皆言之有理而与熊氏思想全貌实不相应。

与会学者对熊十力哲学的性质作了较深入的探讨。大多数学者认为，熊先生在《新唯识论》首章《明宗》中就提出"实体非是离自心外在境界"，因此，他的哲学属于主观唯心主义。有的学者则认为，熊十力又有"本心无对，先形气而自存"之论，认为本心即本体，可以超越形气、不依赖任何条件而独立存在。这个本心已不是主观精神，而是一种"绝对精神"。因此，熊十力哲学固然有某些主观唯心主义色彩，但从熊先生的一贯思想来看，仍是客观唯心主义的性质。还有的学者认为，熊先生早年宣扬"唯识"，属于唯心论。晚年肯定万物真实，这就接近唯物论了。也还有的认为，熊十力动摇于唯心论与唯物论之间。

与会学者认为,熊十力的"体用不二"思想在其哲学体系中据有极重要的地位,是把握熊十力哲学的宗纲。然而,在对"体用不二"的理解上,学者们提出了不同的看法。有的学者认为,熊十力的"体用不二",指"本体"范畴同时就应当是"功能"范畴。本体是绝对的、圆满的、超时空的万理之原、万德之端、万化之始,依大用流行、翕辟成变假设物理世界,又反过来生化流行之机证会圆成实性。有的学者则认为,熊十力对"体用不二"的论证分四个逻辑层次,可用"空""变""显""一"四字概括。"空",是破除一切实体观念;"变",是以大化流行识体;"显",是即用显体,通过现象来认识本体;"一",是摄体归用,达到本体与现象的统一。还有学者指出,在熊十力思想中,"实体"和"功用"并不是异名同指,否则就不必于万有之外更肯定实体的存在了。在熊十力看来,"实体"不是宇宙万有的总相,而是指宇宙万有的法性。熊十力的"实体"范畴与斯宾诺莎所言"实体"("上帝")相类似。也有学者认为,熊十力所说的本体,不是绝对完满的,具备了未来一切实物的实存之物,而是"只具有无限的可能"的万有之源。他认为这种可能是一种潜能,要得到实现还须待各种条件的配合和自身的努力,也就是要依赖于本体的功用。因此,他把本体的全部意义都诉诸功用。

尽管与会学者在熊十力哲学的具体评价问题上见仁见智,但都认为熊十力哲学同冯友兰哲学、贺麟哲学、金岳霖哲学一样,都是中国近现代哲学史上值得珍视、亟待研究的哲学财富。我们应当在马克思主义指导下,对这些哲学财富作多侧面、多层次的历史考察与逻辑分析,科学地评价他们的贡献与局限、他们与其他各派哲学的关系,从而更深刻地揭示"五四"以来中国哲学发展的客观逻辑。

大潮的回音

——评《熊十力及其哲学》[①]

高瑞泉

在海内外学人纪念辛亥志士、著名哲学家熊十力先生诞辰一百周年之际,展望出版社印行了郭齐勇同志所著《熊十力及其哲学》一书。这是国内研究熊十力生平及哲学思想的第一部专著,是近年来中国哲学史界加强研究中国近现代资产阶级哲学所收获的首批成果之一。

近代中国,处于中西文化的冲突、激荡和交汇之间,百余年间政治革命的大潮起伏跌宕、波澜叠兴。与此相伴,古老的中国哲学以式微垂绝之势,面临现实的渴求与截断横流的新思潮之刺激,于摧就之间,艰难而曲折地展开了新陈代谢的过程,却也是隐隐然而更为深沉的大潮在涌动。郭齐勇同志参与整理熊十力论著的工作,以孜孜矻矻千日之功,撰写以熊十力为题的学位论文,转而扩充成书,虽只是撷取了一朵浪花,却使有幸身历或无缘亲闻的人依稀听到了时代大潮的回音。

知人论世,作者以简明疏放而驱遣情感之笔,叙述了熊十力这个性格卓特的哲人,英年奋发踔厉敢死:因为现实的深深失望,从辛亥革命的弄潮儿一变而退入书斋,泛滥佛老,返求六经,融贯中西,遂成"新唯识论"一家之言的大致脉络。又尽力以事实说明熊十力先生解放前对国民党政治贪贼险诈浊乱荒淫的痛恨与不合作态度,和作为中国共产党人的诤友在晚年的所作所言,直至

[①] 载《学术月刊》1986年第8期,第76—79页。

于"十年动乱"中溘然仙逝,走完了一个正直、睿智而落伍的哲人孤寂的一生。以此为引,作者总挈大纲,指明"新唯识学"是"一种与辩证方法相结合的唯心主义",是一种要求创新、反对专制、提倡自由和民主的哲学,指出熊十力以"体用不二"的较为彻底的唯心一元论,摆脱了从康有为、梁启超、谭嗣同到章太炎诸人都纠缠于中的唯心唯物的自我矛盾,同时也将"我国近代资产阶级哲学最根本的局限——主观地运用辩证法,更加突出起来了"。又进而将熊十力与费希特相比较,认为德国和中国近代相近的社会历史条件以及渴望革命而软弱的资产阶级的情况,决定他俩同样是抽象地发展了人类主观能动性,但是费希特是为即将到来的革命准备理论,而熊十力则身处"五四"以后,然心却仍在辛亥之时,为已经逝去的革命进行补课。

《熊十力》一书侧重从认识论视角研究"新唯识学",可说别具一番匠心。"新唯识论"按熊氏自己界说,只是境论,是有关宇宙论、本体论的著作。他坚持哲学就是要讲本体论,从宇宙论进达"身心性命切实工夫",将天道人道合而为一,不是中国哲学的传统路数。但由于熊十力对近代自然科学所知无多,基本上凭借哲学的思辨、传统的范畴和对生活的体验,这不能不大大地限制他的宇宙论、本体论之近代意义。而哲学史作为根源于人类社会实践、主要围绕着思维和存在关系问题而展开的认识的辩证运动,本来也应当着重地考察历史上存在着的哲学包含了哪些人类认识的必要环节,以提高理论思维的能力。但这要求入乎其内、出乎其外,要求更深邃的哲学洞见和条分缕析的功力。作者勇于探索,将熊十力哲学作为一个整体来研究,不拘泥于著作先后的细节变化,而捉住其学问大头脑。全书从"境不离心"与主体的认识功能,"翕辟成变"与主体的实践功能,"冥悟证会"的创造性直觉,"天人合一"的思维模式四个侧面来勾画熊十力认识论的轮廓。如果说《熊十力》一书作为第一部专题研究论主的著作,开发了一块处女地的话;那么该书的视角,也在众多的论文中另辟蹊径,堪称为一个特点。

哲学史只是哲学的展开,哲学史家在评述历史上的哲学体系时,总是以自己的哲学框架去整理、改塑对象。对象同时又或强或弱地影响着本体的观念。所以只有站在当代哲学的高峰去俯察历史上先后叠谢的哲学,才能真正理解哲学史,从而对哲学本身的发展予以推动。

郭齐勇同志显然深知此理,因而努力用马克思主义和当代科学的系统论、结构主义等方法来剖析熊十力的哲学。他努力运用皮亚杰的发生认识论的建构学说来评判熊氏的认识论,认为熊十力与皮亚杰是不谋而合。因为熊十力认为,"第一,不是主观意识反映客观,而是自我意识的综合统一功能构造、建立了客体,从而有了认识的发生;第二,建立起来的客体与主体之间组成为一个矛盾的整体,从而有了发展着的认识系统",点明了这是熊氏哲学中具有现代认识论意义的思想。作者努力透过表层,达到哲学的深层意蕴。譬如,在论述"翕辟成变"说时,指出表层是讲宇宙生成论,深层是讲主体对客体的作用和改造,进而认为,熊氏认识论是围绕着主体与客体的动态、整合关系而展开的。象郭齐勇同志这样有意识地以发生认识论进行中哲史研究,似乎尚不多见,因此很有启发意义。

《熊十力及其哲学》一书,重在对熊氏哲学的思维模式和逻辑结构进行分析,显示出较浓的理论色彩。但作者并没有因此忽视对论主的思想来源及流变的评述。写熊十力必得评论他的佛学。新旧唯识家的一场辩论是中国近代哲学史上的一桩公案,恐怕将来也仍是写中国近代佛学史者需解释的。郭齐勇同志不蔓不枝,既指出熊十力是以六经注我的方法融通佛儒来构筑自己的思想体系,所以应当以评判哲学家的标准来观察他的佛学思想,"不必深究他所借的题,而应重视他所发挥的义",表现出治哲学史所应有的宽容、豁达精神;又恰当地指出,从实证的佛学史出发,熊十力确实曾有对空宗有宗主旨理解的失当和其他一些偏差,表现出严肃的科学态度。

基于中国近现代资产阶级哲学的研究的薄弱状况亟需根本改变,更由于作者是一个充满锐气的青年理论工作者,《熊十力》一书所具的以上特点显示了值得引起注意和兴趣的力量。

熊十力倾半世纪年华精血,以宏富著述构筑了一个精微而渊深的思辨体系,研究者见仁见智,在所不免。郭著的篇幅也很自然地限制作者畅发笔端。正如作者在后记中所说:"这是我研究熊先生的第一个成果,是开始,而不是终结。"故不辞浅陋,粗列疑问若干,就教于郭齐勇同志。

中国近代哲学是丰富的,鄙薄近代中国人在哲学领域的探索是错误的,在极左路线指导下,对中国资产阶级哲学一概否定,更是为害不浅。但是,由于各种各样的原因,中国现代资产阶级哲学又有贫困的一面,各种流派产生了或者传入了,大多尚未充分发育展开其全部内容,就迅速过时成为历史的陈迹了。从这个意义上说,马克思主义在中国并没有碰到真正强劲的哲学对手。这是一个颇可玩味、带有复杂影响的历史现象。但是这一点并不因而成为阻碍我们如实地研究近现代资产阶级哲学的原因。我们一方面应当充分肯定它们的价值和合理性，一方面似也不必讳言它的失误和局限性。

熊十力哲学产生在中西思想交汇的背景之下，他努力发掘中国传统哲学的辩证法，又吸收了近代西方哲学的某些因素。但是熊十力哲学有两个很大局限：一是缺少一个现代自然科学的基础，一是基本上属于向后看的东方文化本位的观念。

熊十力自知、并一再叹息自己缺少自然科学知识，近代科学真正对熊十力发生积极影响的似乎只是进化论。他将进化和循环结合起来，克服了中国古代朴素辩证法没有摆脱的循环论局限性，进而达到了宇宙是一个螺旋形上升过程的思想，但似也仅此而已。他不仅仅批评了机械唯物论，还很自觉地批评了辩证唯物论。《新唯识论》问世之时，正是马克思主义在中国开花结果之时——然而他并不真正懂得辩证唯物主义，原因之一就是他缺乏一个自然科学基础。(当然，他不同于自觉地为当时的反动统治服务的所谓哲学家流)他把辩证法置于直觉之下，认为最高的认识是非逻辑的内心体验、明解、证会、直觉，说明他不懂得辩证逻辑的客观辩证法、认识论和逻辑三者的统一。所以恐怕很难仅仅因为他主张要流动的概念，就是"真正的辩证逻辑"。实际上，熊十力的辩证法很难和博大的黑格尔的辩证法相匹敌，在中国哲学史上也是逊色于王船山的辩证逻辑的。因为熊十力的直觉主义和非科学态度使他不承认一个流动的概念体系是可以无限地接近于把握流动的宇宙的，所以他没有去经营如黑格尔或王船山那样的范畴体系。从辩证逻辑的角度来看皮亚杰发生认识论，似乎其意义并不主要在于主体建构客体，而在于它的理论说明了行动的逻辑先于思维的逻辑，思维的逻辑是行动的逻辑的内化。所以逻辑是具有坚实的客观基础的,并不导致非理性主义。

当然,直觉作为人类的一种精神现象确然还是一个自在之物。千百年来,虽然人们议论纷纷,对它的了解仍是描述多于分析。直觉的生理心理机制是什么？直觉有没有逻辑结构？如果有又是怎样的？或者是否是一种非逻辑的瞬间？如果是非逻辑的,又怎样和逻辑的相通？它是天赋的、或可待不可求的吗？如果能求得需遵循什么原则？诸如此类的问题可以提出很多。考虑到人类对自身思维的研究尚属幼年时期,对直觉似应采取比较谦逊谨慎的态度,而一提直觉就是非理性主义或反理性主义是无济于事的。所以我认为并不因为说熊十力是直觉主义就贬低了他,或者说他提倡"创造的直觉"就抬高了他,问题是他的直觉的实质。如果认为直觉是一种非逻辑的思维,那当然可以讨论；但如果认为直觉是一种逻辑过程的压缩或简化,那么把熊十力的直觉归结为创造性直觉,似乎还有许多问题有待于说明。

《新唯识论》开宗明义："今造此论,为欲悟诸究玄学者,令知实体非是离自心外在境界,及非知识所行境界。唯是反求实证相应故,是实证相应者,名之为智,不同世间依慧之义。云何分别智慧？智义云者,自性觉故。慧义云者,分别事物故,经验起故。"[①]熊十力区分了智和慧两种认识方法。智是实证、明觉,是对自性的反省,既不依赖感官经验也不依赖概念推理,可以达到物我同源、动静一如、超绝时空,泯灭能所,所以是无所不到的绝对的认识。慧是理智或知识,是向外观物,为了满足日常生活之需而向外求理的工具。这个工具若是仅用在日常生活的宇宙即物理的世界之内,当然不能谓之不当,但是一旦越界使用,探索形而上学问题,就大错特错了。熊十力的这种直觉理论有其本体论为根据。他认为,本体是刹那生生灭灭不已的意识之流,恒转变化,所以根本不容分析;而概念总是分割地、静心地把握对象,所以要把握这个恒转不已的生命创造之流,只有摒弃一切感性知识和言诠概念,诉诸直觉即内心的反省。由此,玄学的大法大则不是理智所能把握,唯有直觉才是正确的思维方法。

这种从过分强调运动的绝对性、否认质的相对稳定出发走到直觉主义的哲学路径,同柏格森是极为相似的。但是熊十力不同意柏格森将直觉归结为本能的说法,认为本能只是精神的一种浅表浮动。熊十力基本上取了陆王心学和禅宗的顿悟说,因为从根本上说,他是新儒学的代表之一,其思想底蕴仍是一个人性善的观念。他的"本心"实质上是一个实践理性。而柏格森哲学本身正好给梁漱溟、熊十力诸人一个信息:向外追求的理智道路走到尽头,就不得不折入向内反省的路途,因而印证了他们对中国玄学的未来世界意义的估计。熊十力的根本立足点在中国儒家,他甚至认为中国几千年来真正懂得儒学真谛的极少,所以他的文化观基本上属于向后看的中国文化本位观念。他也不同于程朱理学的"复性"说,而认为性由人创,把人生看作是一个一息不停地创新和不断发挥固有生命力的进取、追求的过程。所以虽说有性善说的观念,仍认为"成能才是成性",只有凭借不断创新,才能发挥本性、臻于完成。在认识论上,他认为明解也需要在实践上磨炼,等到一旦体悟到知识不能达到本体,而返回内心的反省时才能达到。这就是所谓"梦里寻他千百度,蓦回头,那人正在灯火阑珊处"。知识熄灭(灯火阑珊之喻),明解顿现。所以,熊十力的直觉说有比柏格森和梁漱溟高明的地方(梁漱溟在20年代也持直觉即本能的说法),但他贬低科学和理智的失误也是很清楚的。

熊十力的著作中充盈着一种追求自由、崇尚独立人格的豪迈精神，所以郭齐勇同志说这是一种提倡自由和民主的哲学，是很中肯的。熊十力努力高扬意志的作用，崇尚"心力"，这是五四的流韵余芳，更向上溯，可说是同龚自珍、谭嗣同、梁启超、章太炎乃至梁漱溟等人一脉相承的。中国近代从龚自珍开始，可以说有一条唯意志论的传统，开始不乏其反封建的革命意义，五四以后其作用开始分化、变质，30年代中国唯意志论成为鼓吹法西斯的工具。熊十力哲学包含着某种唯意志论发挥的潜在倾向，但他对此较为清醒，在下述三点上同唯意志论划清了界限：第一，他没有把意志作为世界的本体。他说："哲学家谈宇宙缘起，有以为由盲目追求的意志者，此与数论言万法之生亦由于暗，伏曼容说万事起于感，同一谬误。盖皆以习心测化理，而不曾识得本心，故铸此大错。"②第二，他批评叔本华、柏格森的唯意志论把意志理解为本能冲动、生存意志，"非实有见于真体，只认取浮动者为生机，不亦谬乎！"而认为意志应当是一种创造性的至善的实践理性，应当"是从自觉自了的深渊里出发的"③，所以是合理的而非盲目的，这在当时是头脑清醒见解卓特的。第三，熊十力不承认绝对自由，只承认相对自由。唯意志论者往往醉心于绝对自由。熊十力则指出："绝对的自由，直是无从想象之境"，"故自由待限制而后见，无所谓绝对（绝对自由，只是一个幻想）。"④但是，应当指出，自由在熊十力哲学中，基本上只是作为一个新的价值观念而存在，这也是中国近代哲学自由观的基调。作为忠于辛亥革命理想的志士，熊十力坚信人是应该自由、平等的；但他又痛感冲破社会的污浊与钳制之困难。"整个的人生，都是社会造就的，社会是一个洪炉，也是一个造化主"⑤，所以人生是被识定的、必然的。显然，由于他的唯心主义和直觉主义，熊十力并没有辩证地解决自由和必然的关系，自由和必然依然是一个二律背反。环境是必然的、僵固的模型，人是自由的，应当自动、自强、自创，"破坏他底模型、变更他底限制"，但这只是从自由是一种理想、价值出发的，至于怎样才能变更环境、获得自由，熊十力是十分迷惘的。因而他的自由只是停留在主观的抽象的领域，大大地落后于二三十年代的中国马克思主义者。

熊十力确实是一个落伍的哲人。尽管他的哲学是精致的，名相概念是经过琢磨而明确的，因而不同于一般直觉论者。但是他的贬低科学的态度和东方文化本位的观念使他的哲学从内容到形式都不易为时尚接受，在他生前影响并不大，他也屡屡为此叹息。今天我们应当对他进行深入的研究，给以恰当的评价，以便从一个侧面来思索中国近代哲学革命的经验教训。郭齐勇同志的著作为此作了很有意义的工作。然而，熊十力哲学知音者稀，其宜诸时乎！因为它到底不能代表正在走向统一的世界哲学的中国近代哲学革命的大潮，而只是这个大潮的回音。

①熊十力：《新唯识论》（文言本），浙江省立图书馆印，1932年，第1页。
②《新唯识论》（语体本），中华书局，1985年版，第251页。
③《十力语要》第一卷，第66页。
④《十力语要》第一卷，第24页。
⑤《十力语要》第四卷，第17-18页。

乙集

古易汉学

释《消息卦图》第一

释《诸卦吉凶概观》第二

释《连山别卦图》第三

释《归藏别卦图》第四

释《周易别卦图》第五

◎ 附录

卦名释例（李镜池）

《周易》学术讨论会在武汉召开（萧汉明）

千古疑迷（谈祥柏）

古易汉学[1]

《周易·说卦传》曰:"昔者圣人之作《易》也,幽赞于神明而生蓍……参天两地而倚数……观变于阴阳而立卦,发挥于刚柔而生爻。和顺于道德而理于义,穷理尽性以至于命。……故《易》六画而成卦,分阴分阳,迭用柔刚,故《易》六位而成章。"庄子曰"《易》以道阴阳",《说卦》曰"观变于阴阳",事物之变即阴阳之变,道阴阳即穷究事物之变。《易经》提出了最简要的符号阳仪(—仪)、阴仪(--仪),每卦六爻,即所谓"六位而成章"即成一重卦。全书六十四卦,是为符号系统,共三百八十四爻,每爻附以爻辞为文字系统。奇特的是符号包含辞义,辞义显示符号,互相依存。各卦刚柔相易,万变不穷,因能类万物之情。此法肇始于《易传》,扩充于汉儒。汉儒名家各立门户,如郑玄讲爻辰,京房立世应、飞伏,虞翻用卦变,皆造诣精微。后世称荀、虞善言卦变,确信不诬也。惠栋曰:"今幸东汉之易犹存,荀、虞之说具在,用申师法,以明大义,以遡微言,二千年绝学庶几未坠,其在兹乎!"(《易例》)义详下之二章:一、卦变源流;二、取象八法。附《易象明变》。

第一章 卦变源流

《易·系辞》曰:"圣人设卦观象,系辞焉而明吉凶,刚柔相推而生变化。"由此可知,设卦所以观象,事物万变不穷,卦刚柔相推亦万变不穷,因此说《易》无象外之辞。刚柔相推,则是卦变的主要方法。"上下无常,刚柔

---

[1] 整理者注:本文原稿未标章节,章节系整理者所加。原稿中层次标注不一致,整理时统一为"一、二、三、……""(一)、(二)、(三)、……""1. 2. 3.……"。

相易"此即升降法，为卦变法之一。《彖传》提出了一些具体变式，如说"刚来而得中"(《讼·彖》)、"刚来而下柔"(《随·彖》)、"刚来而无穷"(《涣·彖》)、"刚自外来而主于内"(《无妄·彖》)、"柔来而文刚"(《贲·彖》)、"柔以时升"(《升·彖》)、"柔进而上行，得中而应乎刚"(《鼎·彖》)，经传文字简约，先儒注释分歧，是非难决。例如："刚来而得中"，《周易集解》(以下简称《集解》)列虞翻、蜀才说为遯三之二，均为误解。因为刚由外卦之内卦才能称来，此刚来当是既济五之否二成讼。正如荀爽、虞翻都说乾之上九来居坤三成谦之例。乾坤交通，动而成解，亦同此例。不过这是用的两次旁通法。《无妄·彖》："刚自外来而主于内。"《集解》引蜀才曰："此本遯卦。"孙星衍申之曰："刚自上降，为主于初。"孙氏此语未透彻，应说为主于内，上刚之初，便成革卦，非无妄了。此刚自外来，是用上下相加法，上爻来初爻之下，乃成无妄，而为内卦之主爻。《升·彖》："柔以时升。"《集解》引虞翻曰："临初之三。"虞氏之说是刚生柔来，非柔升也。正确的变法是坎三之五成升，才是柔升。《涣·彖》："刚来而不穷。"《集解》引虞翻曰："否四之二。"由否卦变涣卦，也是刚来而得中，或刚自外来而主于内，但《彖·辞》却是"刚来而不穷"。这是避免文辞之重复，也显示义匪一端，辞异而意同，不可执一。

　　大象以八卦相重成六十四卦。《彖传》则用变爻法组成六十四卦。爻变则卦变，是为卦变法的创始，汉人则发展扩充，其法更完密了。

　　虞翻、蜀才等以八纯卦、十辟卦为能变卦，其余杂卦为所变卦。为了完成全局，又在杂卦中提出几卦作能变卦，其法并不完全允当。今就《集解》所遗留的资料，作比较全面的剖析。他们认为六十四卦中，从纯卦所变者八，其卦为屯、蒙、谦、解、坎、离、遯、大过。为十辟所变者：复一卦，临四卦，泰九卦，大壮五卦，夬二卦，遯五卦，否九卦，观四卦，剥二卦。这种分布是有缺点的：姤卦为什么无所变？他们没有用乾坤生六子的办法，却取了坎、离二卦为乾坤所变，不能自圆其说。今引据原文，以观其究竟。

第一节　纯卦所变

一、屯

《屯·彖》："刚柔始交而难生。"荀爽注："此本坎卦。"孙星衍申之曰："初六升二,九二降初,是刚柔始交也,交则成震。震为动也。"

二、蒙

《蒙·彖》："山下有险,险而止,蒙。"荀爽注："此本艮卦也。"孙星衍申之曰："二进居三,三降居二,刚柔得中,故能通发蒙时。"

三、谦

谦卦辞："谦,亨,君子有终。"虞翻曰："乾上九来之坤。"侯果曰："地道卑而上行。"

四、解

《解·彖》："天地解而雷雨作。"荀爽注："谓乾坤交通,动而成解卦。"

五、坎

坎卦辞："习坎有孚。"虞翻注："乾二五之坤,与离旁通,于爻观上之二。"

第二节　十辟卦所变

十辟卦变卦系用升降爻成变。一阴五阳、一阳五阴各六卦,由姤、复所变。二阴四阳十五卦,由遯、大壮所变。二阳四阴十五卦,由临、观所变。三阴三阳共二十卦,由否、泰所变。

一阴五阳、一阳五阴的卦,用姤、复二卦升降,即能足成。但汉人另用杂卦成变,却无说伸其理。

一、一阴五阳之属六卦

（一）姤。姤卦辞："姤，女壮，勿用取女。"虞翻曰："阴息剥阳，以柔变刚，故勿用娶女，不可与长也。"案：虞氏用消息卦释云，不涉卦变。

（二）同人。同人彖辞："同人，柔得位得中而应乎乾曰同人。"蜀才曰："此本夬卦，九二升上，上六降二，则柔得位得中而应乎乾。下奉上之象。"

（三）履。履卦辞："履虎尾，不咥人，亨。"虞翻曰："谓变讼初为兑也。"案：虞氏不用夬上之三或姤初之三，而用讼变初爻内卦成兑，可见变无定法。

（四）小畜。小畜彖辞："柔得位而上下应之曰小畜。"虞翻曰："需上变为巽，与豫旁通。"案：谓需变上爻，外卦成巽，重卦成小畜也。

（五）大有。大有象曰："君子以遏恶扬善顺天休命。"虞翻曰："乾为扬善，坤为遏恶，为顺。以乾灭坤，体夬。扬于王庭，故遏恶扬善。"案：虞氏谓大有体夬，是以大有为夬所变也。

（六）夬。夬卦辞："夬扬于王庭，呼号有厉。"虞翻曰："阳息动复，刚长成夬。"案：此谓阳消阴从，需卦四变成夬也。

二、一阳五阴之属六卦

（一）复。复卦辞："复亨。"郑康成曰："阴气侵阳，阳失其位，至此始还，反起于初，故谓之复。"案：十辟为能变卦，非从他卦来者。

（二）师。师卦辞："师贞丈人，吉，无咎。"蜀才曰："此本剥卦。"孙星衍曰："上九降二，六二升上，是刚中而应，行险而顺也。"

（三）谦。谦卦辞："谦亨，君子有终。"虞翻曰："乾上九来之坤，与履旁通。天道下济，故亨。彭城蔡景说：'剥上来之三。'"

（四）豫。豫卦辞："利建侯、行师。"虞翻曰："复初之四，与小畜旁通……四利复初，故利建侯。"

（五）比。比卦辞："比，吉。"虞翻曰："师二上之五，得位，众阴顺从，比而辅之，故吉。"

（六）剥。剥卦辞："剥，不利有攸往。"虞翻曰："阴消乾也，与夬旁通。"案：一阳五阴六个卦，剥、复为辟卦，有变卦作用。汉人将豫卦说为复所变、谦卦和师卦说为剥所变是矣，但又说比卦为师卦所变，是自乱规律。

三、二阴四阳十五卦由遯与大壮用升降爻演出

遯与大壮实际演出之卦，应是十五卦，包括本卦。但推演过程中，却有十六卦，是因有重复。即鼎、大过、离、革，此四卦为遯与大壮所同变。讼、巽、家人、无妄四卦，为遯所独变。需、兑、大畜、睽为大壮所独变，与前四卦为覆卦。中孚属二阴四阳，遯与大壮都不能变，此为特例。

四、遯所变五卦

（一）家人。家人卦辞："家人利女贞。"虞翻曰："遯初之四也，女谓离巽。"案：家人内卦离为中女，外卦巽为长女。

（二）无妄。《无妄·彖辞》："无妄，刚自外来，而为主于内。"说解见前。

（三）革。革卦辞："已日乃孚。元亨，利贞，悔亡。"虞翻注："遯上之初，与蒙旁通。"

（四）讼。讼卦辞："讼，有孚，窒惕，中吉。"虞翻注："遯三之二也。"

（五）巽。巽卦辞："巽，小亨，利有攸往，利见大人。"虞翻注："遯二之四，柔得位而顺五刚。"

五、观所变四卦

（一）艮。艮卦辞："艮其背，不获其身，行其庭，不见其人，无咎。"虞翻注："观五之三也。"

（二）萃。萃卦辞："萃，亨，王假有庙，利见大人，亨，利贞。"虞翻注："观上之四也。"

（三）蹇。蹇卦辞："蹇利西南，不利东北。"虞翻注："观上反三也。"案：上反三，犹上之三，并无他义。

（四）晋。晋卦辞："康侯用锡马藩庶，昼日三接。"虞翻注："观四之五。晋，进也。"案：此谓柔进也，四为柔爻。晋、艮、蹇、萃四卦均为观所变，未取与临同变的坎、屯、蒙、颐等卦。

六、剥所变二卦

（一）师。师《彖辞》："师，众也。贞，正也。能以众正，可以王矣。刚中而应，行险而顺。"蜀才曰："此本剥卦。"孙星衍申之曰："上九降二，六二升上，是刚中而应，行险而顺也。"

（二）谦。谦卦辞："谦，亨，君子有终。"彭城蔡景君说："剥上来之坤。"案：一阳五阴六个卦，剥、复均为辟卦，有变卦作用，汉人将豫卦说为复卦所变，谦卦和师卦为剥卦所变，比卦又为师卦所变，自乱规律。

七、复所变一卦

豫卦辞："豫，利建侯、行师。"虞翻注："复初之四，与小畜旁通。"案：这是说豫卦是复卦所变，但小畜卦《彖辞》虞翻注又说"豫四之坤，初为复"，是复卦又为豫卦所变。可见各卦互变，是卦变法之一。

八、临所变四卦

（一）明夷。明夷卦辞："明夷，利艰贞。"虞翻注："临二之三而反晋也。"

（二）震。震卦辞："震，亨。"虞翻注："临二之四。"

（三）解。解卦辞："解，利西南。无所往，其来复吉。有攸往，夙吉。"虞翻注："临初之四。坤，西南卦。"《彖辞》："天地解而雷雨作。"荀爽注："乾坤交通，动而成解。"案：此谓天地交通而作雷雨，非谓解卦从乾坤两卦交通而来。

(四)升。升卦辞:"升,元亨。"虞翻注:"临初之三,又有临象。"案:虞氏以升卦为临卦所变,于《象辞》"柔以时升"无法说通。所云"柔谓五坤也,升谓二坤"虽曲为之解,亦不成词。升卦应为坎卦所变,坎三之五则是柔升而成升卦,与《象辞》正合。又临卦、观卦,都能变颐卦,而虞氏却归属于杂卦所变,谓晋四之初。

九、泰所变九卦

(一)节。节卦辞:"节,亨,苦节不可贞。"虞翻注:"泰三之五,天地交也。"

(二)贲。贲卦辞:"贲,亨,小利,有攸往。"虞翻注:"泰上之乾二,乾二之坤上,柔来文刚,阴阳交,故亨也。"

(三)损。损卦辞:"损,有孚元吉无咎,可贞,利有攸往。"虞翻注:"泰初之上,损下益上,以据二阴,故有孚,元吉,无咎。"孙星衍申之曰:"坤之上六下处乾三,乾之九三上升坤六,损下益上者也。"

(四)恒。《恒·象辞》:"恒,久也。刚上而柔下,雷风相与,巽而动……"荀爽曰:"谓乾气下,终始复升,上居四也。坤气上,终始复降,下居初者也。"案:荀氏所谓"乾气下"终等语是指泰卦下卦乾的初爻上升四爻成恒卦,是恒为泰所变卦。

(五)既济。既济卦辞:"亨小,利贞,初吉,终乱。"虞翻注:"泰五之二,小谓二也,柔得中,故亨小。"案:此得中是指既济六二爻得内卦之中。

(六)丰。丰卦辞:"丰,亨,王假之,勿忧,宜日中。"虞翻注:"此卦三阴三阳之例,当从泰二之四。而丰三从噬嗑上来之三,折四于坎狱中而成丰,故君子以折狱致刑。阴阳交,故通。噬嗑所谓利用狱者,此卦之谓也。"案:虞氏将丰卦与噬嗑卦用卦变法勉强牵合,殊无可取。

(七)井。井卦辞:"井,改邑不改井,无丧无得,往来井井。汔至亦未繘井,羸其瓶,凶。"虞翻注:"泰初之五也。"

(八)蛊。蛊卦辞:"蛊,元亨,利涉大川,先甲三日,后甲三日。"虞翻注:"泰初之上,而与随旁通,刚上柔下,乾坤交,故元亨也。"案:蛊上卦艮,艮为阳卦,故曰刚上;下卦巽,巽为阴卦,故曰柔下。

(九)归妹。归妹卦辞:"归妹,征凶,无攸利。"虞翻注:"归,嫁也。兑为妹。泰三之四,坎月离日,俱归妹象。"案:此从归妹互卦取象,归妹三、四、五爻互坎,二、三、四爻互离也。

十、大壮所变五卦

(一)需。需卦辞:"需,有孚,光亨,贞吉。"虞翻注:"大壮四之五,孚谓五,离日为光,四之五,得位中正。"

(二)大畜。大畜卦辞:"大畜,利贞,不家食吉,利涉大川。"虞翻注:"大壮初之上,其德刚上也,与萃旁通。"案:大畜上卦艮为阳卦,是为刚上。

(三)兑。兑卦辞:"兑,亨,利贞。"虞翻注:"大壮五之三也。刚中而柔外。"案:谓内外卦中爻俱为阳爻。

(四)睽。《睽·彖辞》:"二女同居,其志不同行,说(悦)而丽乎明,柔进而上行,得中而应乎刚。"案:睽卦应为两次卦变,遯初之三成无妄,无妄二之五成睽,都是柔进而上行。无妄六二上行成六五,与九二相应为"应乎刚"。

(五)鼎。鼎卦辞:"鼎,元吉,亨。"虞翻注:"大壮上之初。"案:遯二之五亦成鼎,是鼎为遯与大壮二卦所同变。

十一、夬所变二卦

(一)同人。同人《彖辞》:"同人,柔得位得中而应乎乾,曰同人。"蜀才注:"此本夬卦。"案:夬上之二为同人,姤初之二亦为同人。汉人舍姤取夬,并无定义。

(二)大有。大有《彖辞》:"柔得尊位,大中而上下应之,曰大有……"象曰:"火在天上,大有,君子以遏恶扬善,顺天休命。"虞翻注:"遏,绝。扬,举也。乾为扬善,坤为遏恶、为顺。以乾灭坤。"

第三节　杂卦所变九卦

一、小畜

《小畜·彖》曰:"小畜,柔得位而上下应之,曰小畜。健而巽,刚中而志行,乃亨。"虞翻注:"需上变为巽,与豫旁通。豫四之坤,初为复,复小阳潜,所畜者少,故曰小畜。"案:虞说需上变为巽,是指需外卦坎,坎变上爻成巽卦,上巽下乾成小畜,是小畜从需卦变来。

二、比

比卦辞:"比,吉。原筮,元永贞,无咎。不宁方来,后夫凶。"虞翻注:"师二上之五,得位,众阴顺从,比而辅之,故吉。与大有旁通。"

三、履

履卦辞:"履,虎尾,不咥人,亨。"虞翻注:"谓变讼初为兑也,与谦旁通。"案:讼内卦为坎,变坎初六为初九,则讼内卦成兑,上乾下兑为履,因说履从讼卦变来。

四、颐

颐卦辞:"颐,贞吉。观颐,自求口实。"虞翻注:"晋四之初,与大过旁通。"

五、睽

睽卦辞:"睽,小事吉。"虞翻注:"大壮上之三,在《系》,盖取无妄二之五也。"案:《睽象》曰"睽,火动而上,泽动而下……说(悦)而丽乎明,柔进而上行,得中而应乎刚",大壮上之三是柔下行,所以虞氏又说"盖取无妄二之五",合乎柔进而上行之旨,但非来自十辟卦。若采两次升降,遯初之三成无妄,无妄二之五成睽,则得之矣。

六、丰

丰卦辞:"丰亨,王假之,勿忧,宜日中。"虞翻曰:"此卦三阴三阳之例,当从泰二之四,而丰三从噬嗑上来之三,折四于坎狱中而成丰,故君子以折狱致刑。阴阳交,故通。噬嗑所谓利用狱者,此卦之谓也。"案:虞氏是将噬嗑与丰从卦义联系起来,说明丰从泰卦变来之说不可取。

七、旅

旅卦辞:"旅,小亨。旅,贞吉。"虞翻注:"贲初之四,否三之五,非乾坤往来也。"案:虞氏谓旅卦之成,可由贲卦初之四,也可由否卦三之五。虞氏是取从贲卦来义,不取从否卦来,所以说非乾坤往来。否内坤外乾,乾五之坤三成旅,虞氏取贲卦离初之艮四成旅,所以说非乾坤往来。这样只可说为了成立杂卦变杂卦一目,殊无意义。

八、中孚

中孚卦辞:"中孚,豚鱼吉,利涉大川。"虞翻注:"讼四之初也。坎孚象在中,谓二也,故称中孚也。此当从四阳二阴之例,遯阴未及三,而大壮阳已至四,故从讼来……"案:虞氏之意是说四阳二阴的卦应从遯卦或大壮卦来,因遯卦三爻不是阴爻,大壮四爻是阳爻,这两卦变中孚是困难的,所以从讼卦四之初才能解决问题。虞氏墨守遯、大壮为能变卦,不得已便改用杂卦为能变卦,实为迂拙。不知用纯卦巽初之三,或兑上之四,俱为合法。

九、小过

小过卦辞："小过，亨，利贞。可小事，不可大事。飞鸟遗之音，不宜上，宜下，大吉。"虞翻注："晋上之三，当从四阴二阳临观之例。临阳未至三，而观四已消也，又有飞鸟之象，故知从晋来。"案：虞氏所谓小过为二阳四阴卦，当从临观来，但临卦、观卦都不能变小过，只有晋上之三为宜。其实明夷初之四亦成小过。若用纯卦震初之三或艮上之四，都成小过，更为合理。

上列九卦，虞氏都认为从杂卦变来，其实这九卦都可以从纯卦或十辟卦来：(1)姤初之五成小畜；(2)乾二之坤五成比；(3)夬上之三成履；(4)艮三之初成颐；(5)离二之三成睽；(6)泰二之四成丰；(7)否五之三成旅；(8)巽初之三成中孚；(9)艮上之四成小过。

《系辞》说："上下无常，刚柔相易，不可为典要，唯变所适。"这是《易学》的纲领旨趣。

第二章　取象八法

汉儒释经，不离卦象，其法为千余年来易学家所遵循。李鼎祚《周易集解》采辑了三十五家著作，只虞翻为详。就《集解》寻绎，可发现其取象规律，今以虞氏说为主，附以各家。其法约为八种：(1)从本卦取象；(2)从旁通卦取象；(3)从覆卦取象；(4)从互卦取象；(5)从元卦取象；①(6)升降爻变卦取象；(7)变爻取象②；(8)爻上下相加取象。以上八法，他们用旁通卦取象较多，从本卦取象不多。为了实际需要，有时是诸法并用。不明瞭他们的取象方法，便觉得他们是漫无条理。其实他们是墨守成规的。用卦变释经，是否真得经义，已是历代争论的问

---

① 刘冰若原注：以上五法不作卦变。
② 刘冰若原注：爻变则卦变，变爻有多法。

题。我们把它整理起来,旨在说明汉人研究《易经》的一个重要方法,用厚今薄古的精神,实是应该扬弃的。但不知其所以然,便一概抹煞,殊非治学之道。

第一节 旁通卦取象例

一、姤—(旁通)复—(取象)震

姤卦九三爻辞"臀无肤,其行且次,厉,无大咎。"虞翻注:"夬时动之坎为臀……复震为行,其象不正,故其行次且。"案:震为行,姤卦无震,故从姤的旁通卦复卦取象,复内卦为震。

二、革—(旁通)蒙—(取象)艮

《革·象》曰:"革,水火相息,二女同居,其志不相得,曰革。"虞翻注:"二女离兑,体同人象。蒙、艮为居,故二女同居。四变体两坎象,二女有志,离火志上,兑水志下,故其志不相得,坎为志也。"案:虞说二女离兑,是指革内卦离(离为中女),外卦兑(兑为少女)。内卦离,三、四、五爻成乾。乾为天,与内卦离组合为天火同人卦,同居取此同义。革四爻阳爻变阴爻,上卦成坎为既济卦,二、三、四爻互坎,因此说"体两坎象",离火志上,坎水志下,义从此出。虞说"蒙、艮为居",革卦无艮,因从革的旁通卦蒙取其外卦艮,艮象居,这便是从旁通卦取象法。

三、夬—(旁通)剥—(取象)艮

夬卦辞:"扬于王庭,孚号,有厉。告自邑,不利即戎,利有攸往。"虞翻注:"阳决阴,息卦也。刚决柔,与剥旁通。乾为扬、为王,剥艮为庭,故扬于王庭矣。"案:夬卦无艮,因取夬的旁通卦剥卦的外卦艮而得象,所以说艮为庭。

四、夬—(旁通)剥—(取象)艮(又例)

夬九四爻辞:"臀无肤,其行且次。"虞翻注:"二四已变,坎为臀,剥,艮为肤,毁灭不见,故臀无肤。"案:虞氏将夬卦变二、四爻成既济卦,外卦为坎,二、三、四爻又互坎,有了臀象,但却无肤象。夬的旁通卦剥卦上卦艮,艮为肤,肤象见于剥卦,不见于夬卦,所以说"臀无肤,其行次且"。

五、同人—(旁通)师—(取象)坤

同人卦大象:"天与火同人,君子以类族辨物。"虞翻注:"君子谓乾,师坤为类,乾为族。辨,别也。乾阳物,坤阴物。体姤,天地相遇,品物咸章,以照乾坤,故以类族辨物。"案:坤为类象,同人卦无坤,因从同人的旁通卦师卦上卦坤取象。

六、同人—(旁通)师—(取象)震

同人九五爻辞:"同人先号咷而后笑,大师克相遇。"虞翻注:"巽为号咷,乾为先,故先号咷。师震在下,故后笑也……"案:同人二、三、四爻互巽,外卦乾,故象为号咷。震为笑,同人无震,同人的旁通卦师二、三、四爻互震,震在下,故曰后笑。

七、夬—(旁通)剥—(取象)坤

《夬·大象》:"泽上于天,夬,君子以施禄及下,居德则忌。"虞翻注:"君子谓乾,乾为施禄。下谓剥坤,坤为众臣,以乾应坤,故施禄及下。"案:坤为臣,为受禄者,夬无坤,因取夬的旁通卦剥,剥内卦是坤,遂得臣象。

八、大有—(旁通)比—(取象)震

大有初九爻辞:"无交害,匪咎,艰则无咎。"虞翻注:"害谓四,四离火为恶人,故无交害。初动,震为交,比坤为害。匪,非也。艰,难。谓阳动比初成屯。屯,难也。变得位,艰则无咎。"案:大有旁通比,比变初爻成屯,屯内卦震,震为交,比坤为害,交、害二义均从比卦得来,从旁通卦取象也。

九、豫—(旁通)小畜—(取象)乾

《豫·彖辞》:"豫,刚应而志行,顺以动,豫。豫顺以动,故天地如之。"虞翻注:"小畜乾为天,坤为地。如之者,谓天地亦动以成四时,而况建侯行师(豫卦辞),言其皆应而豫也。"案:豫内卦坤,坤为地,豫旁通小畜,小畜内卦乾,乾为天,从本卦和旁通得天地之象。

十、困—(旁通)贲—(取象)震

困卦辞:"困,亨,贞大人吉,无咎,有言不信。"虞翻注:"震为言,折入兑,故有言不信,尚口乃穷。"案:震为言,困卦无震,困旁通贲,贲二、三、四爻互震,此从旁通卦再取互卦乃得象。

十二、同人—(旁通)巽—(取象)震

同人九三爻辞:"伏戎于莽,升其高陵,三岁不兴。"虞翻注:"巽为伏,震为草莽,离为戎,谓四变时,三在坎中隐伏自藏,故伏戎于莽也。巽为高,师震为陵……"案:同人二、三、四爻互巽,师二、三、四爻互震。虞氏上文已说震为草莽,是伏戎于莽矣,下文"三在坎中隐伏自藏",是伏于水矣。何以自乱如此。

第二节 覆卦取象例

一、临—(覆卦)观

观卦六二爻辞:"阒观,利女贞。"虞翻注:"临兑为女,窃观称阒。兑女反成巽,巽四五得正,故利女贞。"案:虞氏将观卦巽说为临卦兑之反

(即覆），是四爻和五爻得正，故利女贞。孙星衍曰："六二离爻，离为目，又为中女。外互体艮，艮为门阙，女目近门，阚观之象也。"虞氏、孙氏均未说清观为临的覆卦的理由。

二、贲—(覆卦)噬嗑

贲卦《象辞》："山下有火，贲。君子以明庶政，无敢折狱。"虞翻注："君子谓乾，离为明，坤为庶政，故明庶政。坎为狱，三在狱得正，故无敢折狱。噬嗑四不正，故利用狱也。"案：贲与噬嗑为覆卦，故均未折狱的卦。

三、观—(覆卦)临

《观·象辞》："观天之神道而四时不忒。"虞翻注："临震兑为春秋，三上易位，坎冬离夏，日月象正，故四时不忒也。"案：虞氏释四时从观的倒覆卦临卦取象。临二、三、四爻互震，震为春。临内卦兑，兑为秋。观三上易位成蹇卦，蹇外卦坎，坎为冬，三、四、五爻互离，离为夏，于是四时象备。

第三节　元卦取象例

一、贲—(元卦)泰

《贲·象辞》："文明以止，人文也。"虞翻注："人谓三，乾为人。文明，离。止，艮也。"案：泰二之上成贲，泰内卦乾，乾为人。虞氏所谓乾为人，是从贲的元卦泰取象也。贲内卦离，离为文明；外卦艮，艮为止，则是从本卦取象。又《贲·大象》："君子以明庶政，无敢折狱。"虞翻注："君子谓乾，离为明，坤为庶政。"案：虞氏所谓坤，是指泰的外卦坤，仍是从贲的元卦取象。

二、咸—(元卦)否

《咸·大象》:"君子以虚受人。"虞翻曰:"君子谓否乾,乾为人,坤为虚,谓坤虚三受上,故以虚受人。艮山在地下为谦,在泽下为虚。"案:否上之三成咸卦,从元卦取象。故虞氏谓否乾为人,坤为虚,否外卦象君子、内卦象虚也。

三、丰—(元卦)噬嗑

丰六二:"丰其蔀,日中见斗,往得疑疾。"虞翻注:"噬嗑离为见象,在上为日中,艮为斗。斗,七星也。噬嗑艮为星、为止,坎为北中,巽为高舞。星上于中而舞者,北斗之象也。"案:离为见象,虞氏不取丰本卦的离,而从丰的元卦噬嗑外卦的离取象,因离须在上才为日中,在下则为日暮了。艮为星,噬嗑二、三、四爻互艮,丰本卦无艮,互卦亦无艮,因此须从元卦取象。

四、丰—(元卦)噬嗑(又例)

《丰·彖辞》:"天地盈虚,与时消息。"虞翻注:"五息成乾为盈,四消入坤为虚,故天地盈虚也。"案:此指噬嗑上卦离变五爻成乾,变四爻互坤,仍是从丰的元卦噬嗑取象。

五、困—(元卦)否

《困·大象》:"君子以致命遂志。"虞翻注:"君子谓三伏阳也,否坤为致、巽为命、坎为志,三入阴中,故致命遂志也。"案:虞氏所谓三伏阳,是说的困六三爻,伏卦为阳爻,三、四、五爻互乾,乾为君子。否上之二成困,否为困的元卦,否坤为志,是从困的元卦取象。巽为命,否卦、困卦都互巽,是从互卦取象。

六、颐—(元卦)晋

颐初九爻辞:"舍尔灵龟,观我朵颐。"虞翻注:"晋离为龟,四之初,故舍尔灵龟。坤为我，震为动。"案：晋四之初成颐，晋为元卦，从晋取象，是从元卦取象也。颐互坤，内卦震，是从互卦和本卦取象。

七、困—（元卦）否（又例）

困九五爻辞："劓刖，困于赤绂。"虞翻注："否乾为朱，故赤。坤为绂，二未变应五，故困于赤绂也。"案：否二之上成困，困从否来。虞氏从否取象，是从元卦取象。

八、蛊—（元卦）泰

蛊九二爻辞："干母之蛊。"虞翻注："泰坤为母。"案：蛊从泰来，泰初之上成蛊，泰为蛊的元卦，从元卦取象，故虞注坤为母。

九、困—（元卦）否（例三）

困九五爻辞："劓刖，困于赤绂，乃徐有说（脱）。"虞翻注："否乾为朱，故赤。坤为绂，二未变应五，故困于赤绂也。"案：否上之二成困，否为元卦。虞氏从元卦取象，故曰"乾为朱、坤为绂"也。

十、比—（元卦）师

比九五爻辞："邑人不诫，吉。"虞翻注："坤为邑，师震为人师，时坤虚无君，使师二上居五中，故'不诫，吉'也。"案：师二之五成比，师为元卦，从元卦取象，故曰"师震为人师"，互震也。坤为邑，师外卦坤，比内卦坤，均有邑象。

第四节　伏卦取象例

一、屯—（伏卦）离

屯上六爻辞："泣血涟如。"《九家易》注："体坎为血，伏离为目，互艮为手,掩目流血,泣之象也。"案:离为目,屯卦无离,因取屯的上卦坎的伏卦离而成象。虞翻曰:"谓三变时,离为目。"案:屯变三爻,三、四、五爻互离,乃变爻取象,与《九家易注》异法,可见取象法无定式。

二、蒙—(伏卦)巽

蒙九二爻辞:"纳妇,吉。"虞翻注:"震刚为夫,伏巽为妇,故纳妇吉。"案:蒙二、三、四爻互震,故曰震刚为夫。震的反对卦是巽,巽为妇。

三、泰—(伏卦)师

泰上六爻辞:"城复于隍,勿用师。"虞翻注:"谓二动时体师。"案:泰内卦为乾,变二爻成离,伏坎。上坤下坎为师卦。虞氏此释师先变爻,后用伏卦。

第五节　升降爻变卦取象例

一、大壮—(变卦)需

大壮卦辞:"大壮,利贞。"《彖》曰:"大壮,大者壮也,刚以动,故壮。大壮,利贞,大者正也,正大而天地之情可见矣。"虞翻注:"谓四进之五乃得正,故大者正也。正大谓四之五成需,以离日见天、坎月见地,故天地之情可见也矣。"案:虞氏用升降法将大壮卦四之五成需,需上卦坎为月,三、四、五爻互离为日,日月为天地。虞氏此说殊牵强,日月俱悬于天,何必以日月象天地。大壮下卦乾,乾为天,坤为地,天地之象,取之本卦即得,不必变需卦以求之。

二、咸—(变卦)既济

咸卦辞:"咸,亨,利贞,取女吉。"虞翻注:"咸,感也。坤三之上成女,乾上之三成男。"(蜀才曰:"此本否卦。")《咸·彖》曰:"天地感而万物化生,圣人感人心而天下和平。"荀爽注:"乾下感坤,故万物化生于山泽。"案:此谓否上之三成咸。否上卦乾为天,下卦坤为地,天气下降、地气上升而万物化生。虞翻曰:"乾为圣人,初四易位成既济,坎为心、为平,故圣人感人心而天下和平。"案:从否卦上卦乾象圣人,从咸卦升降爻、初四易位成既济,上卦坎为心、为平。

三、颐一(变卦)晋

颐初九爻辞:"舍尔灵龟,观我朵颐。"虞翻注:"晋离为龟,四之初,故舍尔灵龟。"案:此谓晋四之初成颐,离象已无,舍龟象矣。

四、大畜一(变卦)颐

大畜卦辞:"不家食,吉。"虞翻注:"二五易位成家人,今体颐养象,故不家食吉,养贤也。"郑康成曰:"自九三至上九有颐象,居外,是不家食,吉而养贤。"孙星衍曰:"乾为贤人也,艮为宫阙也。令贤人居于阙下,不家食之象。"

五、謇一(变卦)观

《謇·大象》:"君子以反身修德。"虞翻注:"君子谓观乾,坤为身,观上反三,故反身。"案:观上之三成謇,观经卦无乾,但有坤。乾象君子,虞氏或以上九为乾,上九来之坤,故曰君子谓观乾。尚秉和曰:"艮象云:'艮其背不获其身',以艮为身也。"案:尚氏说较虞氏为简切。

第六节　变爻取象例

一、变一爻例

(一)屯变六三取象。屯六二爻辞:"女子贞不字,十年乃字。"虞翻

注:"三失位,变复体离,离为女子,为大腹,故称孕。今失位为坤,离象不见,故女子贞不字。"案:三爻为阳爻乃得位,屯卦三爻是阴爻,失位矣,变六三为九三,内卦成离,离为中女,因得女象。陈梦雷《周易浅解》不变三爻变上爻,外卦成巽,巽为长女。若变四爻,外卦成兑,兑为少女。总之,均为变爻取象。

(二)比变初爻取象。《比·大象》:"地上有水,比。先王以建万国,亲诸侯。"虞翻注:"先王谓五,初阳已复,震为建、为诸侯,坤为万国、为腹。"案:震为建,比卦见震,因变初爻,下卦乃成震而得建象。

(三)睽变二爻取象。睽九四爻辞:"睽孤,遇元夫,交孚,厉,无咎。"虞翻注:"震为元夫,谓二已变,动而应震,故遇元夫也。"案:震为元夫,睽卦无震,故变二爻内卦成震,得元夫象。

(四)睽变五爻取象。睽上九爻辞:"睽孤,见豕负涂,载鬼一车。先张之弧,后说之弧。"虞翻注:"谓五已变,乾为先,应在三。坎为弧,离为矢,张弓之象也,故先张之弧。四动震为后。""四变时坤为土,土得雨,为泥涂。"案:虞氏盖谓变五爻,上卦成乾为先;变四爻,互震为后。又,三、四、五爻互坤,坤为土;本卦三、四、五爻互坎,坎为雨。土得雨为泥涂。如是变卦取象,左右逢源。

二、变两爻例

(一)兑变二四爻取象。《兑·彖辞》:"兑,说也,刚中而柔外,说(悦)以利贞,是以顺乎天而应乎人。说(悦)以先民,民忘其劳。"虞翻注:"谓二、四已变成屯,坎为劳。震喜、兑说(悦),坤为民,坎为心,民心喜说(悦),有顺比象,故忘其劳也。"

(二)夬变二四爻取象。夬九四爻辞:"臀无肤。"虞翻注:"二、四已变,坎为臀。"案:虞氏将夬变二、四爻成既济,二、三、四爻互坎,坎象臀也。

（三）履变三四爻取象。履九五爻辞："夬履贞厉。"虞翻注："谓三，上已变，体夬象，故夬履。四变、（夬变四爻）五在坎中也，为上所乘，故贞厉。"

（四）井变初二爻取象。井上六爻辞："井收，勿幕。有孚，元吉。"象曰："谓初二已变，成既济定，故大成也。"

三、变多爻例

（一）豫变初至四爻取象。《豫·彖辞》："豫，刚应而志行……圣人以顺动，则刑罚清而民服，豫之时义大矣哉。"虞翻注："清犹明也。动初至四，兑为刑，至坎为罚，坎、兑体正，故刑罚清。坤为民，乾为清，以乾乘坤，故民服。"案：变爻后豫成大壮，上卦成震，豫上卦亦为震，均象圣人。大壮三、四、五爻互兑，兑为刑。豫下卦坤为民，从豫与大壮两卦取象，乃成众义。

（二）恒变多爻取象。恒六五爻辞："恒其德，贞妇人吉，夫子凶。"虞翻注："动正成乾，故恒其德。妇人谓初，巽为妇，终变成益，震四复初，妇得归阳，从一而终，故贞妇人吉也。"

第七节　爻上下相加取象例

一、大畜

大畜卦辞："大畜利贞。"虞翻注："大壮初之上，其德刚上也。"案：此所谓初之上，是大壮初爻加于上爻之上乃成大畜。若初爻与上爻易位则成鼎卦，非大畜也。

二、否

否上九《象辞》："否终则倾，何可长也。"虞翻注："否终必倾，盈不可久,故先否,下反于初,成益体震,民说(悦)无疆,故后喜。"案:"下反于初"盖谓上九反于初六之下成益卦,益卦内卦震,因云体震也。

三、大畜

大畜卦辞:"大畜利贞。"虞翻注:"大壮初之上,其德刚上也。"案:虞氏所谓初之上非谓初九与上六易位,如此易位则成鼎卦。盖谓初爻移于上爻之上,乃成大畜,即爻上下相加法也。

四、无妄

《无妄·彖辞》:"无妄,刚自外来而为主于内。"蜀才曰:"此本遯卦。"孙星衍申之曰:"刚自上降,为主于初。"案:此刚谓上九来居初六之下,为内卦之主爻。

第八节　互卦取象例

一、屯—(互卦)坤

屯六二爻辞:"女子贞不字,十年乃字。"虞翻注:"三失位,变复体离……今失位为坤,离象不见,故女子贞不字,坤数十,三动反正,离女大腹,故十年反常乃字。"案:坤数十,屯卦二、三、四爻互坤,从互卦取象,乃得十数。

二、屯—(互卦)坤震艮

屯六三爻辞:"即鹿(麓)无虞,惟入于林中,君子几,不如舍,往吝。"虞翻注:"山足称麓。麓,林也。三变体坎,坎为丛木。山下,故称林中。坤为兕虎,震为麋鹿,又为惊走,艮为狐狼。三变,禽走入于林中,故曰即鹿无虞,惟入于林中矣。"案:坤、震、艮等象,均从屯的互卦取象。

三、同人—(互卦)师

同人九五爻辞:"同人先号咷而后笑,大师克相遇。"虞翻注:"巽为号咷,乾为先,故先号咷。师震在下,故后笑。震为后笑也。乾为大,同人反师,故大师。二至五体姤,遇也,故相遇。"案:"乾为先"是从本卦取象,"震为后"是从同人的反对卦师所互震卦取象。"二至五体姤"则是从同人本卦互姤取象。

四、困—(互卦)巽

困上六爻辞:"困于葛藟,于臲卼。"虞翻注:"巽为草莽,称为葛藟,谓三也。兑为刑人,故困于葛藟、于臲卼也。"案:困三、四、五爻互巽,巽为草莽,义从此出。兑为刑人,从困的外卦取象,则是从本卦取象例。

第九节　本卦取象例

一、屯

屯卦辞:"屯,元亨,利贞,勿用,有攸往,利建侯。"虞翻注:"震为侯。初刚难拔,故利建侯。"老子曰:"善建者不拔也。"

二、屯

屯六二爻辞:"屯如邅如,乘马班如。"虞翻注:"震为马作足。二乘初,故乘马。"

三、屯

屯六二爻辞:"匪寇婚媾。"虞翻注:"坎为寇盗,应在坎,故匪寇。"

四、屯

屯九五爻辞:"屯其膏。"虞翻注:"坎雨称膏。"案:此取屯外卦坎。

五、困

困卦辞:"困,亨。"郑玄曰:"兑为暗昧,日所入也。今上掩日月之明,犹君子处乱代,为小人所不容,故谓之困。"案:此从困外卦取象。

六、归妹

《归妹·彖辞》:"归妹,人之终始也。说(悦)以动,所归妹也。"虞翻注:"说,兑。动,震也。谓震嫁兑,所归必妹也。"案:外卦震为长男,内卦兑为少女。虞氏解为兄嫁妹。王弼注:"少女而与长男交,少女所不乐也,而今说(悦)以动,所归必妹也。虽与长男交,嫁而系娣,是以说(悦)也。"案:王氏以长男娶少女为说,且谓系娣,又生一义。

释《消息卦图》第一

消息卦图①							
艮 ☶	坤 ☷	坎 ☵	巽 ☴	震 ☳	离 ☲	乾 ☰	兑 ☱
贲	复	节	小畜	豫	旅	姤	困
大畜	临	屯	家人	解	鼎	遯	萃
损	泰	既济	益	恒	未济	否	咸
睽	大壮	革	无妄	升	蒙	观	蹇
履	夬	丰	噬嗑	井	涣	剥	谦
讼	大过	小过	晋	需	中孚	颐	明夷
渐	比	师	蛊	随	同人	大有	归妹

此图名《消息卦图》，而主旨不在显消息之义，而在显示八纯卦演为六十四卦的方法。这是古法，即《京房八宫卦次图》所推演的方法。京氏法出《京氏易传》，京氏书早已大部分亡佚，从宋以来只存三卷。现存三卷中没有图，但从文字中可以看出图的次序。清惠栋《易汉学》所作示意图，当是从《京氏易传》中体会出的。惠氏图是《京氏易传》所列次序，八纯卦的排列是乾、震、坎、艮、坤、巽、离、兑，前四卦是阳卦，后四卦是阴卦。这是从《说卦》中体会出"乾坤生六子"的说法而排

---

① 整理者注：本图为竖式排列，即竖为行、横为列，右起为序次。书中其他此类图除有特别说明者外均如此。

列。《易象》消息卦图是另作变局,其说明不是引《乾凿度》的次序,而是用许慎《说文叙》所说艮、坤、坎、巽、震、离、兑、乾的次序而改变最后两卦为乾、兑而成立四组反对卦。即第一卦与第八卦反对、第二卦与第七卦反对、第三卦与第六卦反对、第四卦与第五卦反对,这是此图的第一个要点。第二个要点是用《京氏八宫卦次图》的变法,演成六十四卦。第三个要点是将京氏演"游魂卦"法改变。京氏"游魂卦"是由"五世卦"变四爻而成,此图不变四爻而变初爻,仍是"游魂卦"。京氏演"归魂卦"是将"游魂卦"的下卦三爻变成反对卦,此图所演"归魂卦"是将改作的"游魂卦"而变其二、三、四爻,仍为京氏原"归魂卦",此法有其巧妙处,所以困知斋[1]卦变八法扩充为切中法。但经此改变却打乱了京氏八宫卦次。为了说明《李氏消息卦图》的根据是《京房八宫卦次图》的变局,所以需要先了解京氏图的基本内容和画卦方法。附京氏图:

京房八宫卦次图							
上世	乾	震	坎	艮	坤	巽	离	兑
一世	姤	豫	节	贲	复	小畜	旅	困
二世	遁	解	屯	大畜	临	家人	鼎	萃
三世	否	恒	既济	损	泰	益	未济	咸
四世	观	升	革	睽	大壮	无妄	蒙	蹇
五世	剥	井	丰	履	夬	噬嗑	涣	谦
游魂	晋	大过	明夷	中孚	需	颐	讼	小过
归魂	大有	随	师	渐	比	蛊	同人	归妹

---

[1] 整理者注:困知斋,系刘冰若斋号。

上图是按照京房八宫卦次序排列的图，不加改变。在宋代，朱熹《周易本义》卷首所附八宫卦次歌，已改用的邵子后天八卦的次序列上世卦即乾、坎、艮、震、巽、离、坤、兑。但用朱子此图仍看不出六十四卦旁通的情况。所以，本文采用困知斋《八宫卦图》附于篇后。

京氏八宫卦次的变法，以八纯卦为第一列，八纯卦变初爻为一世卦，一世卦变二爻为二世卦，二世卦变三爻为三世卦，三世卦变四爻为四世卦，四世卦变五爻为五世卦，六爻不变。五世卦变四爻为游魂卦，游魂卦变内卦三爻为归魂卦，于是每一纯卦都演变成了八个卦，而六十四卦成。因为每卦只有六爻，不这样变不能演成八个卦，京氏变法是很巧妙的。但究竟有没有高深义理需待探讨，而古人已为它说出许多道理了，兹节录惠栋《易汉学》所载《八宫卦次图》所述，加以浅释。张行成说："若上九变，遂成纯坤，无复乾性矣，乾之世爻上九不变，九返于四而成离，则明出地上阳道复行，故游魂为晋，归魂于大有，则乾体复于下矣。"张氏此段文字，为的说明三个问题：第一为什么六爻不变，因为变了就变成另一宫卦了。他以乾宫八卦为例，乾已变至第五爻，为五阴一阳的剥卦了，再变上爻，变成为坤卦，没有乾卦的性质了，所以上爻不应该变。第二，由五世卦下变第四爻便成游魂卦，这是变游魂卦的条件。第三，由游魂卦变内卦三爻便成归魂卦，这是变归魂卦的条件。更说出道理，要这样才有归还本卦乾体的现象。例如，乾卦的归魂"大有"下卦是乾，坤卦的归魂"比"下卦是坤，其他六卦也是这样，所以卦名归魂。张行成说："阴阳相为用，用九以六，故乾之用在离。用六以九，故坤之用在坎。"《参同契》曰："《易》谓日月，坎离者乾坤之妙用，二用无爻位，周流行六虚，是故乾坤互变坎离不动，当游魂为变之际，各能还其本体也。"此段文字，"阴阳相为用，用九以六，故乾之用在离"是说乾宫的游魂、归魂的上卦都是离，所以离坎为乾坤之用。而离卦之形成是由五世卦第四爻变化而成。这也就是用九、用六的原理，即所谓用九以六、用六以九。乾宫五世卦是剥卦，第四爻是阴爻(阴爻称六)将此六四变为阳爻(阳爻称九),变为九四,即是晋卦。以此为例,坤宫五世卦是夬卦,第四爻是九,将此九四变为六四即是需卦,所以用九、用六是就爻变说的。此处爻变是在第四爻,即是将五世卦的第四爻阳爻变阴爻、阴爻变阳爻,即成游魂卦,用九、用六之义在此。八个游魂卦的变法相同。五世卦中剥、涣、谦、井四卦都是用九以六,夬、丰、履、噬嗑四卦都是用六以九。

惠栋解此图又引京房易《积算法》曰:"孔子《易》云有四易,一世二世为地易,三世四世为人易,五世八纯为天易,游魂归魂为鬼易。"此所谓四易,其中天易、地易、人易固言三之成理,至于鬼易之说则无意义。游魂、归魂十六卦与其他四十八卦,同样包含精义,何能将此十六卦提出,说为鬼道。因为京房已将一至五世卦和纯卦分为天、地、人三易了,下余游魂、归魂两组卦应有名称,因为已经用了魂字由此而名鬼易,似乎有理,其实是无意义的。本来《京氏易传》与占筮有关,以卦爻配神煞以定吉凶,也就是鬼道,所以京房称游魂、归魂为鬼易和他的精神是一致的。

各种卦变法中,旁通法是最常用的,也是最好的方法。所谓旁通是相对旁通,即两卦的六爻在相同的爻位而是阴阳相对的,将它们交换位置即是旁通。例如,乾卦初爻与坤卦初爻旁通即成姤、复两卦,其余五爻旁通相同。但焦循《易图略》所谓旁通,则是另一种方法,这是他创立的名目,其实汉代易学家早已用了这个方法,而焦氏的书,特别是《易章句》释经都是用他这个方法,他这种卦变方法的具体内容,待释《连山别卦图》再详。为了与焦氏的旁通法有所区别,困知斋将古旁通法称为正旁通,焦循所谓旁通称为交错旁通,这两种旁通都是旁通二爻。若旁通二爻便是"错卦",其实错卦的实质是左右易位。为了与内卦易位区别,将前者称上下易位,左右易位则称为错卦。困知斋卦变法,旁通有多种形式,古人常用的即京房八宫卦是以反对卦通爻变通而言。另一种旁通法虽然也是逐爻旁通,但不超越内外卦的范围。

困知斋将这种变法称为还原变法,京房旧法称为交替变法。举例言之:如乾卦变初爻成姤,姤变二爻成遯,遯变三爻成否,否变四爻成观,是交替的形式。六爻变法则是乾变初爻成姤,乾变二爻成同人,乾变三爻成履,乾变四爻成小畜,乾变五爻成大有,乾变上爻成夬。每变一爻都是在乾卦的基础上变,可以称为还原变。其式如下图:

旁通卦图(六爻变)

泰	否	无妄	讼	遯	观	晋	萃
乾	坤	复	师	谦	豫	比	剥
未济	既济	蹇	需	屯	革	明夷	家人
坎	离	旅	大有	噬嗑	贲	同人	丰
咸	损	蒙	颐	大畜	睽	中孚	临
艮	兑	困	随	夬	节	归妹	履
益	恒	大壮	小过	解	升	大过	鼎
震	巽	小畜	渐	涣	姤	蛊	井

此图是将伍麟先生六十四卦之卦法改制。伍氏原图是依《易经》序卦次序,六十四卦每卦都演成六个卦,六十四卦便演成三百八十四卦。在三百八十四卦中,六十四卦每卦都出现六次,不是真有三百八十四卦。困知斋将伍氏法改制为《六十四卦图》,较为简明,欲知其全面,依上图法式作六个图,便包含三百八十四卦了。

此图目的在演出旁通卦,这不是将每列八个卦组成四组旁通卦,而是以每列的一、二卦为能变卦,即起式卦。后六卦为所变卦,是用旁通法演卦，同时是用的还原变法，不能用交替变法或其他法。此图六十四卦须用十六个卦作起式卦，选起式卦以同世卦为条件，要两组同世卦才能满足。此图所变卦，即是将起式卦的第二卦，用旁通法逐爻上变，变成六个卦。来知德易图称这种变为六爻变，若将所变的六个卦还原，就成了一个卦，即原来的能变卦。例如此图的第一行否卦所变的六个卦，各变一爻就都成否卦了。即无妄变初爻成否，讼变二爻成否，遁变三爻成否，观变四爻成否，晋变五爻成否，萃变上爻成否。这是六爻递变的例子。

此图组成之后自然形成几种形式：(1)从外卦看是乾、坤、坎、离、艮、兑、震、巽的形式。①第一行外卦虽是乾坤坎离的次序，但是倒置的，先坤后乾、先离后坎。(2)内卦一、二两列，三、四两列，五、六两列，七、八两列，分别成为同卦的形式。各列外卦与内卦，则是反对卦。(3)内外卦分别看，乾、坤、坎、离、艮、兑、震、巽八个卦都是四卦集中、四卦分散。以上这些形式，都是自然形成，不须安排，但起式卦则须计划安排。

另一种旁通法：起式卦可以与上图相同，仍用还原变法，而演出的则是反对卦。如下图例：

泰 ䷊	否 ䷋	大畜 ䷙	萃 ䷬	需 ䷄	晋 ䷢	大壮 ䷡	观 ䷓
乾 ䷀	坤 ䷁	夬 ䷪	剥 ䷖	大有 ䷍	比 ䷇	小畜 ䷈	豫 ䷏

此图全图仍是六十四卦，仅演了两列，尚有六列未演。用这两列的演法，八列起式卦不变（照上图）则演出的全图都是反对卦。②此图将起式卦用旁通法演六个卦只用的外卦三爻，所以不是六爻变，八列演法相同，不能改变演法。若要改变演法，即用内卦三爻演卦也要八列同法，才能组成六十四卦。因为动三爻演六个卦，加起式卦已足八卦，不能再加了。

---

① 刘冰若原注：二、三、四、五卦合看，竖看。
② 刘冰若原注：上图除起式卦是反对卦外，其余四十八卦都不是反对卦。

	旁通卦图（京房交替变法）								
上世	乾	坤	坎	离	艮	兑	震	巽
一世	姤	复	节	旅	贲	困	豫	小畜
二世	遁	临	屯	鼎	大畜	萃	解	家人
三世	否	泰	既济	未济	损	咸	恒	益
四世	观	大壮	革	蒙	睽	蹇	升	无妄
五世	剥	夬	丰	涣	履	谦	井	噬嗑
游魂	晋	需	明夷	讼	中孚	小过	大过	颐
归魂	大有	比	师	同人	渐	归妹	随	蛊

此图即八宫卦次图，为了突出旁通卦式，改名旁通卦图。演变方法完全是用京房交替变法，只是将横排的次序改变，用反对卦的规律排列。京房原图是用乾坤生六子的含义排列纯卦，其次序是乾、震、坎、艮、坤、巽、离、兑，各列都看不出旁通卦的形式，要隔几位配合看，才能看出反对卦。如第一行与第五行是反对卦，第二行与第六行是反对卦，第三行与第七行是反对卦，第四行与第八行是反对卦。此图则相对的卦即反对卦，每列四组反对卦，也是旁通卦，一目了然。

此图前四列外卦的次序，都是乾、坤、坎、离、艮、兑、震、巽的次序，是由左向右。第五列仍是这个次序，则是由右向左。第六列由左向右，是艮、兑、震、巽、乾、坤、坎、离。第七、第八两列，乾、坤、坎、离由中间起向左，艮、兑、震、巽由最后一卦起，仍是向左。这种卦序的变化，也是自然形式，但是若不用反对卦的形式排列，则没有这种现象。

上文谈旁通卦式，已举了三种，即京房的交替变法和两种还原变法，此外尚有两三种其他变式，在此从略。旁通变法只是多种变法之一，究竟有若干变法，值得探讨。困知斋同人体会了八种变法，称为"困知斋卦变八法"，这只是我们一得之愚，不为定论。从焦循《易图略》比例卦图的屯、需两卦注可以看出他用了七八种方法作卦变，我们的方法则和他有同有异。

卦变既有多种法式，却只有一个目的，是为的释经和说理。因为一卦只有一定的象，任何一卦变了其中的一爻，或两三爻，则另成一卦。爻变则卦变，卦变则象变。因之卦变的目的，是为了取象，许多人都说王弼扫象，这话是含糊的。王弼所扫的是爻辰、纳甲、天星、神煞之类的附属物，并不是根本的扫卦象。本来谈《易》是不能离象的，也必然要谈卦变。李氏易象的主要特点，也是在于演卦变之法，笔者在此略谈有关问题，所以不惮费词。

"困知斋卦变法"是重法不重图。变有定律，图无定式。六十四卦中取任何一卦或两卦都可作起式卦。因此，每一形式都可组成六十四卦图，至少一个图式可组成六十四个变局，即六十四个图。这都是就杂世卦组卦而言，再加上内外卦，按分世卦交换变化，则成图更多，一种形式可以组成九百六十个图。这都是正图的变局。多并不可贵，不过显示有此变法而已，终于是法的可贵。《黄帝内经·素问·阴阳离合论》说："阴阳者，数之可十，推之可百；数之可千，推之可万。万之大不可胜数。然其要一也。"《素问》此文谈谈阴阳之变其在人者，我们借用这段话来谈易卦之变和易图之变，是恰当的。所谓知其要者一言而终，不知其要则流散无穷。得法便是知要，所以我们要强调重法不重图。

李氏消息卦图，为着重显示消息卦义，所以我在此也略而不谈。

释《诸卦吉凶概观》第二[1]

诸卦吉凶概观							
兑	乾	离	震	巽	坎	坤	艮
兑 损	夬 大畜	贲 革	颐 随	大过 蛊	困 蒙	剥 萃	咸 艮
履 临	乾 泰	明夷 同人	复 无妄	姤 升	讼 师	否 坤	遁 谦
睽 节	需 大有	既济 离	噬嗑 屯	井 鼎	未济 坎	晋 比	旅 蹇
归妹 中孚	小畜 大壮	家人 丰	震 益	巽 恒	解 涣	观 豫	小过 渐
四柔为吉	五柔为吉	四刚为吉	五刚为吉	五柔为吉	四柔为吉	上柔为吉	四柔为吉

此图仍是六十四卦图，但不作纵横八卦的形式，而是以十六卦横排、四卦竖排，组成形式。六十四卦之上，列先天八卦，但未用邵康节乾☰、兑☱、离☲、震☳、巽☴、坎☵、艮☶、坤☷的次序，而改为兑☱、乾☰、离☲、震☳、巽☴、坎☵、坤☷、艮☶的次序。兑☱之属八卦，即兑䷹、履䷉、睽䷥、归妹䷵、损䷨、临䷒、节䷻、中孚䷼等，因为这八卦的内卦都是兑☱。乾☰之属八卦，即夬䷪、乾䷀、需䷄、小畜䷈、大畜䷙、泰䷊、大有䷍、大壮䷡等，因为这八卦的内卦都是乾☰。其余离☲、震☳、巽☴、坎☵、坤☷、艮☶六卦仿此。因为将兑☱之属八卦列在第一类，

---

[1] 刘冰若原注：引证时行卦图，时行卦图符合困知斋单旁通卦。本文纳入焦循的时行卦图和当位失道图。

乾☰之属八卦列在第二类，所以为纲的先天八卦次序，不作乾☰、兑☱、离☲、震☳，而作兑☱、乾☰、离☲、震☳、巽☴、坎☵、坤☷、艮☶。这八组卦，兑☱为首，艮☶为末，艮☶、兑☱两个纯卦是正对卦，在首末的地位成相对的形式。乾☰、坤☷两纯卦，在第二列第三行和第十四行，是相对的位置。离☲、坎☵两纯卦，在第三列第六行和第十二行，是相对的位置。震☳、巽☴两纯卦，在第四列第七行和第九行，也是相对的位置。这类似邵雍方图八纯卦，在他图中乾☰卦起右下角，横行斜上，坤☷卦终左上角。乾☰、兑☱、离☲、震☳、巽☴、坎☵、艮☶、坤☷在一个斜线相连，此图是两个斜线，也是横行斜上，向左右分开。左线是震☳、离☲、乾☰、兑☱，右线是巽☴、坎☵、坤☷、艮☶。合而观之，仍是乾☰、兑☱、离☲、震☳、巽☴、坎☵、艮☶、坤☷先天八卦的内容，只是次序有所改变，因为全图的组合形式，使先天八卦的原次序不能不如此变。根据以上情况，所以本书曾说《易象》卦变的精神，是接近邵雍的。

此图名"诸卦吉凶概观"，则图的宗旨在于决定六十四卦哪些属于吉卦、哪些属于凶卦。原图自注是有所说明的，但不详备。《周易》原始意义是讲卜筮的，当然要谈吉凶。但《周易》不是专谈卜筮，更主要的则是谈哲理，即《论语》所谓"性与天道"。《易传》"十翼"中也有类似的话，如说："昔者圣人之作《易》也，将以顺性命之理，类万物之情，通神明之德。"又说："穷理尽性，以至于命。"又说："立天之道，曰阴与阳；立地之道，曰柔与刚；立人之道，曰仁与义。"从这些话可以看出，《易经》的主旨是讲哲理的。切实的说：《易经》是儒家哲学的主要经典。班固《汉书·艺文志》曾说："《易》为六经之首。"六经都是儒家的经典，而《易》为其首，它的中心思想是很明确的。我们解释《易象》重点在于谈卦变，不适于谈《周易》哲学。《易象》本篇的宗旨是显示六十四卦的吉凶，我们只能根据原著发挥它的本旨。从《易象》原著可看出它决定诸卦吉凶的原则约三项：(1)是以阴阳爻在某个爻位为吉；(2)阴阳爻在某两个爻位为有始有终；(3)经几卦的推演成既济为吉。此外，有几个特出的卦也是吉。把这些吉卦提出来，其余的卦可能就是凶卦了。

首先，阴阳爻在某个爻位为吉。它指出四柔为吉的有十二卦，即损䷨、临䷒、节䷻、中孚䷼、蒙䷃、师䷆、坎䷜、涣䷺、艮䷳、谦䷎、蹇䷦、渐䷴，此十二卦的第四爻都是阴爻，阴为柔。至于此十二卦第四爻是阴柔之爻便是吉，但何以为吉的理由，原著未说明，笔者不能臆测。它指出的四刚为吉的是革䷰、同人䷌、离䷝、丰䷶四个卦，情况与四柔为吉的相同，不能理解。它指出的五柔为吉的八个卦，即大畜䷙、泰䷊、大有䷍、大壮䷡、蛊䷑、升䷭、鼎䷱、恒䷟等，此八个卦的第二爻都是阳，第五爻都是阴，是阴阳相应的，所以五柔为吉。它指出的五刚为吉的是随䷐、无妄䷘、屯䷂、益䷩等，此四个卦第二爻都是阴，第五爻都是阳，也是阴阳相应的，所以五刚为吉。它指出的上柔为吉的是萃䷬、坤䷁、比䷇、豫䷏此四个卦。这与四柔为吉、四刚为吉的卦同样，不得其解。如以五柔为吉、五刚为吉的卦，是用二五阴阳爻相应为吉卦的理由，以此为例，则上柔为吉，而此四爻的第三爻不是阳爻，则未取阴阳相应之义。四柔为吉、四刚为吉的十六卦，却不完全是阴阳相应，也可见它未用阴阳相应之义。所以，不得其解。

其次，阴阳爻在某两个爻位为有始有终。在六十四卦中符合这一规律的只有十六卦，即艮䷳、震䷲、复䷗、节䷻、临䷒、屯䷂、泰䷊、既济䷾、革䷰、大壮䷡、夬䷪、丰䷶、明夷䷣、需䷄、随䷐、归妹䷵。

再次，以两卦相孚，往来而成既济䷾一咸䷞、既济䷾一益䷩为有始有终。这个论点是根据焦循《易图略》时行卦图的理论。焦循将家人䷤、解䷧、屯䷂、鼎䷱、革䷰、蒙䷃、蹇䷦、睽䷥、益䷩、恒䷟、咸䷞、损䷨等十三卦，其中六卦为利、六卦为贞。其中解䷧、鼎䷱、恒䷟三卦能演成咸䷞为有始。家人䷤、屯䷂、革䷰、蹇䷦、益䷩、咸䷞六卦能聚不能成为吉卦,还要兼备一个条件。其条件是刚宜在下、柔宜在上,因此颐☷☷卦虽然四阴凝聚,但上爻非柔,所以不为吉卦。又如,剥☷☷是五阴凝聚,但初爻是柔、上爻是刚,也不能成为吉卦,要具备两个条件的才是吉卦。如临☷☷是四阴凝聚的卦,又初爻是刚、上爻是柔,是吉卦;又如夬☰☰是五阳凝聚的,且初爻是刚、上爻是柔,是吉卦。余卦以此为例。

此外,艮☶☶虽然阴阳爻无凝聚之象,且初爻是柔、上爻是刚,但二、三、四爻得位,仍是吉卦。这是多爻得位为吉,是另一变例。

以上简释原因,以下援引古说为参考印证。

将卦肯定吉凶,这只能是某种情况下的肯定,是相对的道理,不是绝对的道理。因为一个卦不能固定其为吉为凶,某卦于某事为吉,对另一事可能为凶,并且吉可以变凶,凶可以变吉。这便是卦变学说的运用。如焦循《易图略》是几百个卦变公式,但有一个中心,即大中至正。取二五得位的卦为元,由两组元卦相孚推演以下所得卦(四卦一组)都是二五得位的。在它的《时行卦图》里,提出了三个纲领:(1)二五先行当位变通不穷;(2)初四先行,不当位,变而通之,仍大中而上下应;(3)三上先行,不当位,变而通之,仍大中而上下相应。总的目标,是六十四卦的演变,都以演成大中至正的卦为终结,即所谓得中得正,实质是阳爻在五、阴爻在二为中正。二居内卦之中,五居外卦之中,中即是正。宋儒杨万里的《诚斋易传》在他的"自序"里发挥《易经》中正之理,他说:"易者何也,易之为言变也。易者圣人通变之书也。何谓变,盖阴阳,太极之变也;五行,阴阳之变也;人与万物,五行之变也……斯道何道也?中正而已矣。唯中为能中天下之不中,唯正为能正天下之不正,中正立而万变通。"杨万里的论点,是说易经为圣人教人以中正之理。不但杨氏的思想如此,其他易学家也多数如此。象数派的易学家以卦变学说发挥义理,于是演出许多图式,而清儒焦循演卦变尤为杰出,他的易学三书都可说以大中至正为中心思想,而《易图略》以卦变图形式发挥之。他的《当位图》、《失道图》和《时行卦图》是详备的显示大中至正之理。兹举其要点如下：

《易图略》当位、失道图内容是六十四个小组图，包括十二个《当位图》、三十二个《失道图》。每个小组图，《当位图》是八个卦，《失道图》也是八个卦，当位图上层两卦为能变卦，以下六卦为所变卦，《失道图》八个卦仍从《当位图》的能变卦演出。六十四个小组图的规律，都是如此。兹演绎数图为例：

						坤	乾
三之上		初之四				五之二	
谦	夬	复	小畜			比	同人
初之四		三之上		三之上		初之四	
明夷	需	明夷	需	蹇	革	屯	家人
以上失道				以上当位			

上图乾坤为能变卦，二列三列为乾坤《所变卦》，本文常称能变卦为《起式卦》。乾二之坤五为同人、比，此即所谓"二五先行"。原来乾的五爻是当位的，二爻则是失道的；坤的二爻是当位的，五爻则是失道的。"乾二之坤五"一变，则乾坤两卦由不完全中正变为同人、比的完全中正了。"同人四之比初"，变为家人、屯两卦，家人、屯两卦四个中爻都是当位的，也是完全中正的。因为有"乾二之坤五"的先行条件，演出同人、比两个中正卦，因此"同人四之比初"成家人、屯，也是中正卦，所以二之五是必需的，而且是领先的。但"二五先行"是有一定的条件，必需在原卦二五不正然后变之。若原卦二五是不正的，为乾二之坤五，是变所必需的，坤二之乾五这就错了，把原来中正的卦变为不中正了。

上列《失道图》仍是以乾坤为能变卦，"乾四之坤初"成小畜、复，"乾上之坤三"成夬、谦，这四卦是因乾坤两卦未用"二五先行"

的方法，而成了四个失道的卦。"小畜上之复三"成需䷄、明夷䷣两卦，"夬四之谦初"成需䷄、明夷䷣两卦，也是失道的。因为这两列六个卦都未采"二之五"的变法，所以变出的卦都是失道的。

上文所谓《能变卦》，不是专为纯卦说的，实际是一切杂卦，都是可作能变卦的。以杂卦起式，演出的当位、失道小组图，与纯卦所演形式是一致的。举例如下：

					随䷐	渐䷴
兑䷹	艮䷳	震䷲	巽䷸		无妄䷘	观䷓
随䷐	蛊䷑	随䷐	蛊䷑	家人䷤	屯䷂	革䷰	蹇䷦
以上失道				以上当位			

上图是用焦循变法，却未用焦循原式，因焦循六十四个小组图，其起式卦都是用的反对卦，此法在八纯卦的推演中无阻碍，而在杂卦推演中便发生了困难，于是他兼用了升降法乃能成卦，这却破坏了他自己的规律。因此，我们改变了他的方法，将起式卦作两种形式：一种是反对卦，另一种是交错反对卦，便可不用升降法。上图即此例。

上图渐䷴、随䷐为起式卦，渐䷴、随䷐所变为观䷓、无妄䷘，变法不是"二五先行"，却演成中正卦。若"二五先行"则成巽䷸、震䷲两卦，反而不中正了。下列蹇䷦、革䷰两卦，是"渐上之随三"所演变。家人䷤、屯䷂是"渐初之随四"所变。这六个当位外，都没有用"二之五"的变法（也不能用）。可见，"二之五"不是适用于一切卦的变法。

上图八个失道的卦，巽䷸、震䷲两卦是上列"渐二之随五"所变，艮䷳、兑䷹两卦是"随二之渐五"所变，蛊䷑、随䷐两卦是"巽二之震五"所变，后面两个蛊䷑、随䷐是"艮二之兑五"所变，用了"二之五"的方法，却成失道的卦了。可见"二之五"不是随处都可用的，又可见"三之上""四之初"也是能演成中正卦的。

上面谈了焦循的当位、失道图,其目的是推演中正卦。而其《时行图》也是推演中正卦的,但《时行图》的演法,是演中正卦的流行不息。它的原话是:"二五先行当位,变通不穷。"以下用它的原图式演绎成变通不穷的卦式。

艮	兑	震	巽	离	坎	坤	乾
渐	随	随	渐	同人	比	比	同人
蛊	随	归妹	渐	大有	比	师	同人

上图是焦循的原图式,"乾二之坤五"成同人、比,"坎二之离五"成比、同人,这是焦循所说的齐同卦。在此图则不取齐同卦义,而是显示乾、坤、坎、离四卦,二五是不完全得位的,即是不完全中正的。经"二之五"一变,成同人、比四卦,则内外卦完全中正了。第三列同人、师,则是显示同人的反对卦是师,师是由比"二之五"而成(是兼用升降法),比的反对卦是大有,大有是由同人"二之五"而成。此列卦显示了反对卦,但不利于作流行图。下面的流行图式是除去了这四卦的。

离	坎	坤	乾
同人	比	比	同人
家人	屯	萃	遯
既济	既济	否	否
革	蹇	观	无妄
咸	咸	益	益
蹇	革	观	无妄
比	同人	渐	随

此图一、二列是焦循图的原式,焦循图原是三列,今不取。因其非中正之卦,不适于演流行图。此图的第三列是根据上列演出的,上列

是焦图的原式,"同人初之比四"成遯、萃,"比初之同人四"成屯、家人,此四卦是中正卦。"遯三之萃上"成两否卦,"屯三之家人上"成两既济卦,此列四卦是中正卦。第四列"否初之否四(第二卦)"成无妄、观,"既济(第三卦)初之既济(第四卦)上"成蹇、革。第五列"无妄四之观初"成两益卦,"蹇四之革初"成两咸卦,此两列都是中正卦。第六列"益四之益初(第二卦)"成无妄、观,"咸初(第三卦)之咸四(第四卦)"成革、蹇,此两列都是中正卦。第七列"无妄上之观三"成随、渐,"革上之蹇三"成同人、比,所演出的仍是中正卦。

照此方式,能再演出若干的中正卦,此即焦循所谓变通不穷,今不再演。因为用此八列推演已能说明问题,不必再演。其中还有一个问题,究竟用此式推演,是否真的有若干中正卦出现?其中正卦有无一定的数量?这是应该说明确的。实际上六十四卦中只有十六个中正卦,在演此流行图所出现无穷的中正卦,只是在若干列里,形式上互不相同,实质则是此十六卦在不同的卦和不同的互变关系循环出现,形式上却似层出不穷的演变,此十六卦是哪十六卦,下文另图说明。在这里我们只演了八列卦已将十六个中正卦完全演出了,所以不必继续演下去。但是可以继续演下去的,因为再演下去的结果,仍是这十六卦轮番出现,所以不必再演。又此图八列所演出的中正卦,每列都是同世卦,这是可以改变的,是每列都可以演为两种世卦的,这样一来,变化就更多了,真是变通无穷之象。

渐	归妹	师	同人
家人	临	临	家人
遯	临	解	家人
遯	屯	萃	家人
咸	既济	咸	既济
遯	屯	遯	屯

续表

否 ䷋	益 ䷩	否 ䷋	益 ䷩
无妄 ䷘	观 ䷓	无妄 ䷘	观 ䷓
同人 ䷌	比 ䷇	随 ䷐	渐 ䷴
革 ䷰	蹇 ䷦	革 ䷰	蹇 ䷦

上图是焦循时行图的第三类,其纲领是"初四先行不当位变而通之,仍大中而上下应"。此图前三列是焦循原式,以下七列是根据焦循法所增演,第一列二、三卦,是不当得位的,下列是上列所演出,又未用"二五先行"的原则,所演出的卦,应该是不中正的①。其演法是用初、四先行的演法推演,所演出第三列的四个卦,其中二、三两卦(解䷧、临䷒)是不中正的,要用"变而通之"的方法,使它变为中正,才能使以下各列的卦成为中正卦。变通的办法是用升降法:将解䷧卦二之五成萃䷬,临䷒卦二之五成屯䷂,一、四两卦不变,即成为第四列的中正卦了。第四列的"家人上之萃三"成既济、咸䷞,"屯三之遯上"成既济䷾、咸䷞,此四卦是中正卦。第五列"既济三之咸上"成屯䷂、遯䷠两卦,"既济(第三卦)三之咸(第四卦)上"成屯䷂、遯䷠两卦,此四卦是中正卦。第六列"屯上之遯三"成益䷩、否䷋两卦,"屯(第三卦)上之遯(第四卦)三"成益䷩、否䷋两卦,此四卦是中正卦。第七列用错卦,下列成观䷓、无妄䷘和观䷓、无妄䷘。此列何故用错卦?因继续用之卦,难于演出四世卦和归魂卦。虽继续用"之卦法",也能演出四世卦和归魂卦,但所变列数太多,多数卦是重现的,在此用一列错卦,下面只演两列就将十六个中正卦完全演出了。第八列"观三之无妄上"成渐䷴、随䷐,"第二个观三之第二个无妄"成比䷇、同人䷌。第九列"渐上之随三"成蹇䷦、革䷰,"比三之同人上"成蹇䷦、革䷰。从第四列到第十列,都是中正卦。

时行图第一类是八个小组公式,我们所举为例的是第一个小组。

---

① 刘冰若原注:此列卦用"二五先行"的演法,也是不可能的。

时行图第二类和第三类都是八个小组卦,因此两类意义是相同的。我们在第二、三两类中,举一个小组卦为例,加以演绎,即可说明问题。我们所用的是第三类第三小组卦,借以说明问题,便不必再举例了。

焦循此图,是进行式的演卦,目的是说明一组卦与卦的关系。为什么这组纯卦能成为当位卦,或成为失道卦,这是有原因的。原因是"二五先行"就能成为当位卦,"初四先行"或"三上先行"就会成为失道卦,成了失道卦,也有改正的方法。上文已说当位卦或失道卦在六十四卦中都是有一定数量的,在此我们采用了困知斋的《当位失道图》。其图如下:

当位失道图(困知斋)							
(一)				(二)			
遯	屯	萃	家人	复	旅	贲	豫
否	既济	咸	益	谦	噬嗑	剥	丰
无妄	蹇	革	观	明夷	晋	颐	小过
同人	比	随	渐	坤	离	艮	震
(三)				(四)			
姤	节	困	小畜	临	鼎	大畜	解
履	井	夬	涣	泰	未济	损	恒
讼	需	大过	中孚	升	睽	蒙	大壮
乾	坎	兑	巽	师	大有	蛊	归妹

焦循图是显示推演当位失道卦的方法。困知斋图是条理当位失道卦的数目，排列成图，是静止式的图，但却是进行图式的根据。

上图分四组。第一组十六卦由遯到渐，是内外卦都得位的，即大中至正卦。第四组十六卦由临到归妹，是内外卦都失道的，即不中不正卦。与第一组形成反对卦。第二组是内卦正，外卦不正。第三组是外卦正，内卦不正。这两组卦形成反对。我们明瞭了六十四卦当位失道的原始情况，我们来推演进行式的当位失道图便心中有数、运用自如了。

以上说的"当位""失道"，只是就二五爻说的。因为二五爻是中爻，特别重要，所以讲卦变的学者将它单独提出。其实，一个卦六爻，都有得道失位的情况。为了彻底明瞭，我们采用了困知斋另一《当位失道图》，即《六爻得位失道图》。其图如下：

				六爻当位失道图（困知斋）				
上世	乾	坤	坎	离		艮	兑	震	巽
二世	遯	临	大畜	萃	四世	无妄	升	大壮	观
游魂	颐	大过	小过	中孚		讼	明夷	需	晋
二世	鼎	屯	解	家人	四世	睽	蹇	蒙	革
一世	姤	复	旅	节		困	贲	小畜	豫
三世	否	泰	损	咸		恒	益	既济	未济
五世	履	谦	噬嗑	井		剥	夬	涣	丰
归魂	师	同人	大有	比		蛊	随	归妹	渐

中正图只看二五爻得位失位为是否中正之卦，一四爻不问，这是不全面的。就全卦看，则六爻都有得位失位的问题。阳爻在一、三、五位为得位，反此为失位；阴爻在二、四、六位为得位，反此为失位。上图是将六十四卦分作三类排列：第一类是三爻得位、三爻失位；第二类是一爻得位、五爻失位；第三类是两爻得位、四爻失位。只是既济卦是六爻得位、未济卦是六爻失位，因其只有一卦不列为一类。总计三爻得位、三爻失位的有二十卦。

从分世卦看，八纯卦全是三爻得位、三爻失位。二世卦中的遯☷、临☷、大畜☷、萃☷四卦和四世卦中无妄☷、升☷、大壮☷、观☷四卦（在本图第二行），此八卦都是三爻得位、三爻失位。游魂卦中的颐☷、大过☷、小过☷、中孚☷四卦（在本图第三行）是三爻得位、三爻失位。合计从乾☷卦到中孚☷共二十卦都是三爻得位、三爻失位。第二类是一爻得位、五爻失位和一爻失位、五爻得位的卦有十二卦，其中讼☷、晋☷、鼎☷、解☷、睽☷、蒙☷六卦是一爻得位、五爻失位的共六卦；此六卦的反对卦即一爻失位、五爻得位的卦，其卦是需☷、屯☷、家人☷、蹇☷、革☷。第三类是两爻得位、四爻失位和两爻失位、四爻得位的卦，共三十卦①。此三十卦是十五组反对卦，每列一、三、五、七的四卦为两爻得位、四爻失位的卦②。全图六十四卦，除既济☷、未济☷两卦外，为六十二卦，是三十一组反对卦。每一组反对卦，无论其几爻得位、几爻失位，三十一组反对卦每组合而观之都是六爻得位与六爻失位，是统一的平衡形式，是由多种得位失位、爻数不等齐的卦，统一在对立卦的形式下，都成为六爻得位、六爻失位的平衡状态了。

焦循易学三书，《易通释》重在说理，《易章句》是解经之作，《易图略》是用卦变图式作说理解经的卦变公式。这套图式，是他根据以汉儒荀

---

① 刘冰若原注：在本图的五、六、七、八行，既济、未济两卦不在此内。
② 刘冰若原注：既济☷、未济☷二卦除外。

爽、虞翻为首的一些谈卦变的学者的资料，经过他的加工，成了他自己一套学说和方法。与他同时代的学者对他的评价就很高，认为是前无古人。我们就他谈中正卦这一端也就很有深意，他的寓意是象征人的修养和行为，应该大中至正。自己正了，便是成己；推己及人，便是成人；推而及物，便是成物。未能正己，焉能正人？这是一般人的口头语。正己正人、成己成物的功夫，是儒家学说的重要论点之一，焦循却以卦变式显示其理，可以说他的卦变学说不是抽象的，不是不着实际的，是值得学习的。

释《连山别卦图》第三[1]

连山别卦图							
艮	谦	明夷	贲	革	同人	遁	咸
坤	剥	颐	复	无妄	随	萃	否
坎	涣	中孚	节	睽	归妹	解	未济
巽	井	需	小畜	大壮	大有	鼎	恒
震	噬嗑	晋	豫	观	比	屯	益
离	丰	小过	旅	蹇	渐	家人	既济
乾	夬	大过	姤	升	蛊	大畜	泰
兑	履	讼	困	蒙	师	临	损

　　连山归藏之书,汉以后亡佚。尚秉和《周易尚氏学》称亡于永嘉之乱,马国翰《玉函山房辑佚书》对连山归藏有所辑。连山归藏古有书,究竟有图无图无从查考。周易本来也无图,连山归藏未必有图。李氏(灿如)《易象》谓郑康成亲见其图,应是亲见其书。李氏(灿如)书意不在考古,此点不必深辨。李氏(灿如)此图意不在补亡,亡亦不能补,因所补不是古籍原物。李氏(灿如)所作诸图,其特点在于能创新,在创新中运用了新的卦变方法。此图用的孔广森所谓"上行变六,下行变初",六十四卦的推演都用变六变初的方法。因为古称"连山首艮",所以此图以艮为第一卦,第一列艮以下七卦是由艮卦推演,艮变六爻成谦,谦变初爻成明夷,明夷变六爻成贲,贲变外卦成革[2],革变六爻成同人,同人变初爻成遁,遁变六爻成咸,于是第一列八卦完成。是用"上行变六,下行变初"的原则,以下七列卦变法相同,于是六十四卦成。

　　此图八列卦第一列都是纯卦,其变化的方法也是有规律的。艮

---

[1] 刘冰若原注:本文将焦循旁通卦图(六十四卦变既济)列入讨论。将焦氏旁通法称为交错变法。

[2] 刘冰若原注:贲的外卦是艮,艮的反对卦是兑,变外卦是说艮变兑。

变三、六爻成坤☷，坤☷变二、五爻成坎☵，坎☵变三、六爻成巽☴，巽☴的正对卦是震☳，震☳变三、六爻成离☲，离☲变二、五爻成乾☰，乾☰变三、六爻成兑☱。就八纯卦言，也形成四组正对卦，第一列艮☶与第八列兑☱正对、第二列坤☷与第七列乾☰正对、第三列坎☵与第六列离☲正对、第四列巽☴与第五列震☳正对。困知斋卦变法，对李氏（灿如）此法有所引申。困知斋法是用贲☲的反对卦困☵，六、七、八卦从困☵卦推演，仍用孔氏旧法，而此列卦变成了四组反对卦，可谓与李氏法异曲同工。孔广森法是用变六变初交错推演，困知斋将这种变法称为"交错变法"，也可称"交替法"。既然变六变初交错推演成法，则上行变五下行变二、上行变四下行变三亦可成法，都能变成若干六十四卦图。此图是横排，也可以竖排，仍可成若干图。京氏八宫卦次图也是可横排可竖排的，所以法有定律，而图无定式，要点乃是重法。

孔广森法和李氏（灿如）《连山别卦图》，都属于交错变法。此外焦循的卦变法，也主要是交错变，但他确立了三项名目，他的《易图略》虽然列了五种图，而旁通、时行、比例这三种图是主要的，三种名目都是用的一种变法，即交错变法。他的方法是初爻与四爻变、二爻与五爻变、三爻与六爻变（六爻亦称上爻），但不是在本卦内升降，而是与对立的另一卦交错演变。如乾☰、坤☷两卦，乾二之坤五成同人☲、比☵两卦，乾初之坤四成姤☴、豫☳，六十四卦即是三十二组对立卦。一切对立卦，他都用这种方法推演。焦循认为，《周易》旁通之义本来如此，他在《易图略》旁通图的说明中，举了三十条证据，都是引据的《周易》爻辞。他的说法是否完全正确，此不及详论，但他的易学三书《易章句》《易通释》《易图略》都是用这种方法解经和演卦的。他的方法有他的妙处，他可以动一爻而使两卦得位，例如乾二之坤五，同人☲二和比☵五都由失位而转为得位了。他常强调卦变必"二五先行"，这是他的重要论点。本来他的交错旁通法与古正旁通法演卦的结果往往是一致的。不过,古法没有旁通一爻而使两卦得位的优点。焦循《易图略》的卦变法是很好的,他列了若干图式,包括很多方法,但他未组合六十四卦图,他可能也是重法不重图。困知斋虽然也重法不重图,但主张组合若干形式的六十四卦图,而统摄以卦变八法、法在图中、以法组图、由图示法。兹此本义,用焦循法作"交错旁通六十四卦图"。

旁通卦图							
姤	复	遯	屯	旅	节	鼎	临
贲	困	家人	萃	小畜	豫	大畜	解
明夷	大过	既济	咸	需	小过	泰	恒
晋	中孚	未济	损	讼	颐	否	益
噬嗑	涣	震	巽	丰	井	离	坎
无妄	观	随	渐	革	蹇	同人	比
履	剥	睽	蒙	归妹	蛊	大壮	升
兑	艮	大有	师	乾	坤	夬	谦

焦循另有作为"齐同卦法",其理论见他的"比例图"说(《易图略》卷五),其法是用若干不同的卦配伍推演,而所得的卦是相同的,所以称为齐同。《易图略》第一图旁通图,即是以六十四卦都能演成既济卦为目的而作此图,它对六十四卦每卦的说明即是一个小组公式,推演的结果都是既济卦。但它的文字迂曲难明,兹整理焦循原书,发现几种规律,依此规律演出图式。先引焦循原文,然后演出图式。在此演出的图式有一部分没有根据焦氏的文义,另行推演,这是显示不用焦氏法也能演出成双既济卦或其他卦。主要差别在于不兼用升降法,只单用旁通法。焦氏以八纯卦为第一类,八纯卦推演的结果都是两既济卦。其卦式如下:

(一)乾二之坤五　四之坤初　上之坤三
　　坤五之乾二　初之乾四　三之乾上

以上是焦氏原文。据此段文字演出下列诸卦，终结要求得两既济䷾卦。下做此：

乾䷀　坤䷁　同人䷌　比䷇　家人䷤　屯䷂　既济䷾　既济䷾

（二）震五之巽二　四之巽初　上之巽三①

　　巽初之震四　二之震五　上之震三

震䷲　巽䷸　随䷐　渐䷴　屯䷂　家人䷤　既济䷾　既济䷾

震䷲　巽䷸　复䷗　小畜䷈　屯䷂　家人䷤　既济䷾　既济䷾

（三）坎二之离五　初之离四　三之离上

　　离五之坎二　四之坎初　上之坎三

坎䷜　离䷝　井䷯　丰䷶　蹇䷦　革䷰　既济䷾　既济䷾

以上八卦非用焦氏原文所演，而是另用之卦爻位所演。

（四）艮五之兑二　初之兑四　上之兑三

　　兑二之艮五　四之艮初　三之艮上

艮䷳　兑䷹　贲䷕　节䷻　明夷䷣　需䷄　既济䷾　既济䷾

以上八卦与前例同。

焦循所谓艮五之兑二，即艮五之兑二成渐䷴与随䷐；初之兑四，即渐初之随四成家人䷤与屯䷂；上之兑三，即家人上之屯三，便成两既济䷾。前所谓文字迂曲，即此例。但焦循并无错误，他是就原卦的卦位而言。今所演图也是变旧法之例。以上为八纯卦演两既济䷾的卦式。

八纯卦演成两既济䷾并无特殊性，其他的卦都能演出两既济䷾。六十四卦都能演成两既济䷾，也无特殊性。如果意图演其他的卦，如演损䷨、益䷩、否䷋、泰䷊或其他卦，同样是可以成功的。焦循对此无说明。我们弄清这个道理，才不惑于神秘主义。以下谈第二个规律。

散图卦变有三种形式：一变成功和起式卦共四卦；二变成功和起式卦共六卦；三变成功和起式卦共八卦。前面已谈的八纯卦即第三

---

① 刘冰若原注：原文有错，应改为"巽上之震三"。

类,是三变成功共八卦之例。现在演第一类共六组卦:

(一)家人䷤　屯䷂　既济䷾　既济䷾

(二)革䷰　蹇䷦　既济䷾　既济䷾

(三)明夷䷣　需䷄　既济䷾　既济䷾

(四)鼎䷱　屯䷂　恒䷟　既济䷾(是由鼎上之屯三成恒)
既济䷾

(五)睽䷥　蹇䷦　损䷨　既济䷾(是由睽四之蹇初成损)既济䷾

(六)晋䷢　需䷄　否䷋　既济䷾(是由晋五之需二成否)既济䷾

以下所引焦氏旁通图原文参证:

(一)屯三之鼎上

鼎二之五　五之二　初之四　四之五　上之屯三

上图困知斋法是以家人䷤、屯䷂配伍演成两既济䷾。焦循法是以鼎䷱、屯䷂配伍,先用升降法,鼎二之五成遯䷠。再用升降法,遯初之四成家人䷤,屯䷂家人上之屯三成两既济䷾。其法较困知斋法为迂拙。以下四图只引焦氏原文,不加说明。

(二)蹇初之睽四

睽二之五　五之二　四之蹇初　三之上　上之三

(三)明夷五之讼二

讼二之明夷五　初之四　四之初　三之上　上之三

(四)屯三之鼎上

鼎二之五　五之二　初之四　四之初

(五)需二之晋三

晋五之需二　初之四　四之初　三之上　上之三

上图第五组与焦循用卦例二,与上图例五,都是用蹇䷦、睽䷥作起式卦,因焦循用了升降法所以成两既济䷾。上图不用升降法,所以成单既济䷾。上面六组图都是一变成功,焦循法却参差不齐,并且演法不一致,可以一目了然。

以下谈第二种形式。它的特点是两变成功,在六十四卦中占最多数。下面的图共十六组卦,每组六卦,因接近既济䷾卦的配伍卦不同,所以分成三种形式列图。在此还需说明一个问题,因每演出一组卦都有一个目的,例如焦循《旁通图》是将六十四卦都以演成既济䷾卦为目的,每个卦组都用了一个公式。这个卦组可分为三段,前两段是起式卦,其后是中间卦,最后是终结卦。四卦成组的便没有中间卦。这三种类型的卦都是把演卦的目的放在最后一卦,此卦可称为终结卦。终结卦的前面一卦是配伍卦,此卦是形成终结卦的关键。由此显示出使若干相同的终结卦能有区别,在于这个配伍卦和中间卦的不同而形成。下面所演的十六组卦,终结卦都是既济䷾,而既济䷾的配伍卦只是三个,即咸䷞、益䷩、泰䷊三卦,十六组卦的中间卦也部分相同,因而形成规律。其图如下:

第一类

姤䷫,复䷗,遯䷠,屯䷂,咸䷞,既济䷾。

旅䷷,节䷻,遯䷠,屯䷂,咸䷞,既济䷾。

否䷋,益䷩,革䷰,家人䷤,咸䷞,既济䷾。

豫䷏,小畜䷈,萃䷬,家人䷤,咸䷞,既济䷾。

困䷮,贲䷕,萃䷬,家人䷤,咸䷞,既济䷾。

第二类

涣䷺,丰䷶,中孚䷼,明夷䷣,益䷩,既济䷾。

履䷉,谦䷎,中孚䷼,明夷䷣,益䷩,既济䷾。

损䷨,泰䷊,中孚䷼,明夷䷣,益䷩,既济䷾。

噬嗑䷔,井䷯,颐䷚,需䷄,益䷩,既济䷾。

剥䷖,夬䷪,益䷩,需䷄,益䷩,既济䷾。

否䷋,咸䷞,观䷓,革䷰,益䷩,既济䷾。

第三类

损䷨,益䷩,临䷒,家人䷤,泰䷊,既济䷾。

师䷆,同人䷌,临䷒,家人䷤,泰䷊,既济䷾。

归妹䷵,渐䷴,临䷒,家人䷤,泰䷊,既济䷾。

蛊䷑,随䷐,升䷭,革䷰,泰䷊,既济䷾。

大有䷍,比䷇,大畜䷙,屯䷂,泰䷊,既济䷾。

从上图观察,十六组卦的起式卦是不同的三十二卦,其中间卦或同或异,最后的目的是相同的。这是异因同果的规律,即《系辞》所谓"同归而殊途"。各式各样的卦变而"同归殊途"的形式最多,这是普遍的准则。起式卦是很重要的,是演卦的先决条件,起式卦的基本形式有两种,一种是反对卦,另一种是交错卦(如同人䷌、比䷇、剥䷖、履䷉)。作卦须审视选择得当,否则难于成局。例如,演遯䷠卦成既济䷾,取反对卦临䷒配伍,经五变都不能成既济;如选用交错式遯䷠与萃䷬配伍,则三变就成两既济䷾。所以,上面十六组卦的起式卦是经过选择的,所成卦式有条不紊,形成规律。一般卦变要求止于三变,不能漫无休止。

本文"六十四卦变既济法",焦循原文基本上用的两法,即升降法与旁通法并用。本文则专用旁通法,不用升降法,以显示一法独用,也能成既济䷾卦。焦循在《旁通图》里,用的升降和旁通两法,其他图里(如《时行图》、《比例图》等),则诸法并用。所谓诸法,其例见于《比例图》屯䷂卦注,其法约七种,兹不及详,以免费词。

旁通卦图							
姤䷫	复䷗	遯䷠	屯䷂	旅䷷	节䷻	鼎䷱	临䷒
贲䷕	困䷮	家人䷤	萃䷬	小畜䷈	豫䷏	大畜䷙	解䷧
明夷䷣	大过䷛	既济䷾	咸䷞	需䷄	小过䷽	泰䷊	恒䷟
晋䷢	中孚䷼	未济䷿	损䷨	讼䷅	颐䷚	否䷋	益䷩

续表

旁通卦图							
噬嗑	涣	震	巽	丰	井	离	坎
无妄	观	随	渐	革	蹇	同人	比
履	剥	睽	蒙	归妹	蛊	大壮	升
兑	艮	大有	师	乾	坤	夬	谦

此图除起式的两卦是对立卦，非交错卦，其余六卦则是用交错法推演，而所成卦不是交错卦式。必须起式卦是交错卦。推演出的其他卦则是交错卦式，如上图。这都是用的焦循的方法①，此图八列卦，仍是每列用两个世卦组合，如第一、二列都是一世卦和二世卦，也体现了卦的互变作用，如姤、复是一世卦，所演出的遁、屯则是二世卦，余仿此。

以六十四卦全局组图有何意义？笔者认为，每种图都等于一种卦变法的公式，由这种繁复的公式，显示这种卦变法的多样化和具体化。熟悉了这些公式，我们读经解经的时候，才易于理解爻辞与卦爻的关系。如果离开了释经与说理，孤立地组图演卦，便等于作符号游戏了，并无深意，图式虽巧妙，终是无用之物。除六十四卦全局图式外，困知斋也着重散图，即不足六十四卦的图，或只是几个卦的小组图。古人的《六日七分卦气图》和《皇极经世书》的三十六宫皆是《春图》，都属于散图。《乾坤生六子》《先天八卦横式图》等，都属于小组图，各有它的含义，并非无意义。《六十四卦变既济卦图》，也属于散图，因为不能把它组成六十四卦全图的形式。所谓六十四卦变既济卦，并不是真的六十三个卦都能变既济卦，除八纯卦外，往往是两卦配伍，将其中的一卦变成既济，另一卦则变成既济的同世卦，但也有两卦都能成既济的。八纯卦则是全部都能变

---

① 刘冰若原注：焦循称此法为"旁通"，所以此图称为"旁通卦图"。

成既济䷾的,其余杂卦也不全是只能变一卦,所以变的终局不是一个形式。焦循卦变法虽多,但他还设有循环法、倒覆法、上下卦易位法,若兼用三法,成卦便更简易。例如屯鼎相之,鼎上之屯三,屯䷂成既济䷾,鼎䷱成恒䷟。屯鼎相之,不能使鼎䷱成既济䷾。如将鼎䷱上下卦易位则成家人䷤,家人䷤的交错卦是屯,家人上之屯三则成两既济䷾。另一变法,鼎䷱初爻向上循环成需䷄,需䷄的交错卦是明夷,需二之明夷五亦成两既济䷾。又一变法,鼎䷱的倒覆卦是革䷰,革䷰交错卦是蹇䷦,革四之蹇初成两既济䷾。这是用上下易位法、循环法、倒覆法变鼎䷱为既济䷾的例子。其余各卦,可以类推。

八宫分世卦图（交错变）									
一世	姤	复	节	旅	贲	困	豫	小畜
二世	遯	屯	临	鼎	大畜	解	萃	家人
三世	否	益	损	未济	泰	恒	咸	既济
四世	无妄	蹇	升	睽	蒙	大壮	革	观
五世	履	谦	井	噬嗑	剥	夬	丰	涣
游魂	讼	小过	需	颐	晋	大过	明夷	中孚
归魂	同人	比	师	大有	蛊	归妹	随	渐
纯卦	乾	坤	坎	离	艮	兑	震	巽

此图是用交错变法组成分世卦,即是《京房八宫卦》的内容。惠栋《易汉学》名《八宫卦次图》。八宫图分一世到五世,八纯卦为上世,由五世卦再变称为游魂卦。前文《释消息卦图》称此种变法为交替变,本图不用交替变法,而用焦循的交错变法（焦循原称旁通法）组成分世卦,但无八宫卦的内容,所以虽名分世卦,仍用八宫一辞,是为表示此图仍本于八宫卦,而只是变卦法不同。

兹将各列卦的相互关系说明,以明瞭变卦方法。

第一列:姤二之复五,成下列遯、屯两卦;节五之旅二,成下列临、鼎两卦;贲二之困五,成下列大畜、解两卦;豫五之小畜二,成下列萃、家人两卦。

第二列:遯三之屯上,成下列否、益两卦;临上之鼎三,成下列损、未济两卦。后四卦仿此。此为第一列到第三列是交替推演,第四列却非第三列所推演,而是另行起卦。第四列到第六列则是交替推演。

第四列:无妄二之蹇五,成下列履、谦两卦;升五之睽二,成下列井、噬嗑两卦。后四卦仿此。

第五列:履初之谦四,成下行讼、小过两卦;井初之噬嗑四,成下列需、颐两卦。后四卦仿此。

第七列归魂卦非上列游魂卦所演,而是另行起式。第八列却是上列归魂卦所演。

第七列同人二之比五,成下列乾、坤两卦;师五之大有二,成下列坎、离两卦;蛊五之归妹二,成下列艮、兑两卦;随五之渐二,成下列震、巽两卦。于是六十四卦成。

这种图式,不是一成不变,是可以组成变局的。一般图式将纯卦作为第一列,此图将纯卦作第八列,并非定式,是可以将纯卦作第一列的。若纯卦作第一列,所演的一世卦,则与此图不同,应为乾初之坤四成姤、豫两卦,坎初之离四成节、贲两卦,下仿此。一世卦的卦位变了,则一世卦演出的二世卦的卦位也就变了,以下各列情况相同。这两种形式,都是顺各世卦的次序推演的。若另作变局,也是可以的。如第一列姤、复不作二之五,作姤三之复上成讼、颐两卦,则是一世演游魂卦了,成为另一种次序。本来一切卦都可以演三种世卦,如姤上之复三成大过、明夷两卦,是游魂卦;姤五之复二成鼎、临两卦,是二世卦;姤初之复四成乾、震两卦,是纯卦。(姤二之复五也是二世卦,姤三之复上也是游魂卦。)

释《归藏别卦图》第四

归藏别卦图(错卦)								
纯	坤	艮	坎	巽	震	离	兑	乾
纯变上	剥	谦	涣	井	噬嗑	丰	履	夬
纯变五	比	渐	师	蛊	随	同人	归妹	大有
匹变四	观	蹇	蒙	升	无妄	革	睽	大壮
纯变四	豫	旅	困	姤	复	贲	节	小畜
匹变五	晋	小过	讼	大过	颐	明夷	中孚	需
匹变上	萃	遯	解	鼎	屯	家人	临	大畜
匹	否	咸	未济	恒	益	既济	损	泰

李氏(灿如)此图是根据邵康节《六十四卦方图》的原则而加以改变。邵子图是根据他的先天八卦的次序为纲领作用,从三个方面显示先天八卦:1.八纯卦,以乾、兑、离、震、巽、坎、艮、坤的次序作一斜线上行,每列一卦,起乾终坤,乾在第八列的右下角即第一卦,兑在第七列的第二卦,离在第六列的第三卦,依此斜线及到第一列的左上角坤卦止,成一规律。2.八列卦的外卦仍是以乾、兑、离、震、巽、坎、艮、坤的次序排列,八列相同。3.八列的内卦以乾、兑、离、震、巽、坎、艮、坤的次序,不过每列的内卦只是一个卦,全列是八个相同的卦,八列次序仍是起乾终坤。从第八列逆上,第八列是八个乾卦、第七列是八个兑卦、第六列是八个离,直到第一列是八个坤卦。以上三点,是邵子组图的原则,图成后自然形成多种形式,后之学者研究邵子图的作了许多理论,本文后详。

李氏(灿如)《归藏别卦图》将八纯卦排在第一列,因为古人说"归藏首坤",所以此图以坤为第一卦,艮为第二卦,坎为第三卦,(中略)乾为第八卦。从右至左看此图,仍是乾、兑、离、震、巽、坎、艮、坤的次序。李氏(灿如)图也是从三个方面显示先天八卦的次序:1.八纯卦的次序乾、兑、离、震、巽、坎、艮、坤,排在第一列。2.左第一行的外卦从第八列逆上至第一列,这八卦的外卦仍是乾、兑、离、震、巽、坎、艮、坤;右第八行从第一卦乾下行至第八卦泰,从上向下看,这八卦的外卦仍是乾、兑、离、震、巽、坎、艮、坤的次序。3.八列卦的内卦,每列卦从右向左看,都是乾、兑、离、震、巽、坎、艮、坤的次序,八列相同。邵子图是将这八卦排在外卦,李氏图则排在内卦,这是同中有异。李氏八列卦的外卦包括乾兑、离震、巽坎、艮坤这四组卦,但位置是机动的,不是固定不变的,而是用卦变法组成。

李氏此图所用的卦变法是他的创新。他以纯变、匹变为纲,八纯卦为纯,在第一列。三世卦为匹,在第八列。二、三、五列是纯卦所变,四、六、七列是匹卦所变。爻变是相同的,第二列是纯卦变上爻成五世卦。第三行是纯卦变五爻成归魂卦。第五列是纯卦变四爻成一世卦,第七列是匹卦变上爻成二世卦。第六列是匹卦变五爻成游魂卦。第四列是纯卦变四爻成四世卦。总的说来,纯卦变二、三、五列,匹卦变四、六、七列。为什么第四列不为纯卦而变为匹卦变,第五列不为匹卦变而为纯卦变,这是有道理的。因为要这样颠倒次序,才能将第一行(坤卦为首这行)的八个卦的外卦,从下到上组成乾、兑、离、震、巽、坎、艮、坤的次序,也将第八行(乾卦为首这行)的八个卦的外卦,从上到下组成乾、兑、离、震、巽、坎、艮、坤的次序。

上面所说,是李氏作此图的基本规律。但是,不用李氏的变法(即所谓纯变、匹变)也能组成他这个图。变法是李氏图的一、二、三列仍用他的变法,第四列不必作匹卦变,而将第三列变上爻即成四世卦,第四列的外卦变成反对卦即成第五列的一世卦。例如,观䷓卦的外卦是巽䷸,巽䷸的反对卦是震䷳,观䷓变巽䷸为震䷳即成豫䷏卦,以下七卦仿此。第五列一世卦变上爻即成第六列的游魂卦。第三列归魂卦变四爻，即成第七列的二世卦。李氏所谓匹卦是只取一个卦的外卦为反对卦，内卦则是相同的。例如，否卦是坤的匹卦，坤与否不是反对卦。准此例，则第一行萃应为剥的匹卦，晋应为比的匹卦，豫应为观的匹卦，其余五十六卦同样可以分为若干匹卦，这是从直行分别匹卦而言。准此例，横行也可说成匹卦，但内卦则不是同卦。例如，第四行大壮为观的匹卦，睽为蹇的匹卦，革为蒙的匹卦，无妄为升的匹卦。每行卦仍可用变上、变五、变四等法，这是李氏法。此行观卦变上成蹇、观变五成蒙、观变四成无妄，这种变法只变外卦，内卦则是按全局固定不变，用"匹变"一词是恰当的，用"纯变"一词就不恰当了，所以仍用李氏法以八纯卦为纯、三世卦为匹较为完美。

《易象归藏别卦图》既为邵子方图的变局，似乎有邵子方图的含义，须先研究邵子方图。

邵子方图							
坤	剥	比	观	豫	晋	萃	否
谦	艮	蹇	渐	小过	旅	咸	遯
师	蒙	坎	涣	解	未济	困	讼
升	蛊	井	巽	恒	鼎	大过	姤
复	颐	屯	益	震	噬嗑	随	无妄
明夷	贲	既济	家人	丰	离	革	同人
临	损	节	中孚	归妹	睽	兑	履
泰	大畜	需	小畜	大壮	大有	夬	乾

古人对邵子图，从宋以来已有许多议论，现在选择部分资料略为加以分析解释。

邵子图原载所著《观物篇·外篇》，为其一家之言，但有明显的传授，即华山道士陈抟传之穆修、穆传李之材、李传邵雍。因邵子书流传甚广所以大行于世。而朱子著《周易本义》采邵子九图冠于其书之首，对于后世影响很大，似乎成了读《易经》必须研究的图。但清初胡渭著《易图明辨》一书，其书非发挥邵子之学，他的宗旨由万斯同所作序说得十分明白。"万序"云："……友人德清胡朏明先生精于《易》学，庚辰仲夏示余以《易图明辨》十卷，则《本义》之九图咸为驳正。……读先生此书，一一为之剖析，洵大畅予怀。而其采集之博、论难之正，即令余再读书十年必不能到。何先生之学大而能精如此以此播于人间，《易》首之九图即从此永废可也。"此序文明白指出，《易图明辨》之作是为了驳正陈抟到邵雍一派学说，万斯同的意见要把邵氏九图永远废除，不要像朱子《本义》那样，把邵子图附于《易经》之首。万斯同对胡朏明的学问大加赞扬，认为他攻击邵子是十分正确的。其实，这是汉学家对宋学的门户之见。《易图明辨》一书罗列了不少资料，而未弄出条理，有些资料仍是发挥邵子之学的，本文只采集他有关邵子方图部分的资料，与《皇极经世书》所辑合并论述。邵子方图的主要特点是根据他的《伏羲八卦方位图》所列次序，即乾、兑、离、震、巽、坎、艮、坤的次序。为了固定此次序，邵子加以数字记录，即乾一、兑二、离三、震四、巽五、坎六、艮七、坤八，在方位图上，这个次序是表示左旋、右旋的先后和次序。在此方图里，则是用此次序作两种形式排列，因而组成六十四卦。第一种排列，是外卦由右到左是即乾、兑、离、震、巽、坎、艮、坤的次序，八列的外卦相同不变；内卦八列，仍是用即乾、兑、离、震、巽、坎、艮、坤的次序。然而每列只是一个卦，不像外卦那样每列是八个卦。外卦是由右到左的次序，内卦则是由上到下的次序。以乾☰卦为第一列，兑☱卦为第二列，上行至第八列坤☷卦。看来邵子是用纵横交错的方式，将乾、兑、离、震、巽、坎、艮、坤这八卦排列而成方图。在这种排列组合的形式下，自然形成一些现象，这种自然形成不一定是作图者的精心设计。从一般情况看来，有两个特点：1.八纯卦由第一列本图的右下角,及第一行的第一卦是乾☰卦、第二行的第二卦是兑☱卦、第三列的第三卦是离☲卦,由此横行斜上直到第八行的最后一卦是坤☷卦。2.方图的右上角是否☷,左下角是泰☰,四角同看形成乾☰、坤☷、否☷、泰☰四卦,也就是两组反对卦在交错的位置上出现。古人对这一点作了不少发挥。其实此图不止是这两组反对卦,而是全图由三十二组反对卦组成,而每组反对卦都在交错的位置上固定的、有条不紊的显现出来。类似这样的情况,古人作了各种分析,究竟有无奥妙的意义却值得探讨。兹引述部分如下,胡渭《易图明辨》引天台董楷说:"愚因邵子大易吟,欲以方图分作四层看,其第一层四隅乾坤否泰四卦,所谓天地定位、否泰反类也。然以周围二十八卦横直观之,皆乾一坤八之卦,此见天地定位之不可易也。"这里所谓二十八卦皆乾一坤八之卦,是指的方图。第一行八个卦的上卦都是乾☰,第一行及最下行的下卦都是乾☰,第八行八个卦的上卦都是坤☷,第八行及最上列八个卦的下卦都是坤☷,合计为二十八卦。董楷说:"其第二层四隅兑艮咸损四卦,所谓山泽通气、损咸见义也,然以周围二十卦横直观之,皆兑二艮七之卦,此见山泽通气之象也。"看图方法同第一层,三层、四层也是如此看法。董楷这样将方图分作四层看,并认为这四层卦是发挥《周易·说卦传》"天地定位""山泽通气""雷风相搏""水火相射"的义蕴,也能言之成理。

《皇极经世书》第七卷《先天方图卦数第四》说:"以言乎方图诸卦,以乾、坤、否、泰为纲,而莞乎四维之各十六卦。大抵惟交乃生。其西北,天卦自相交,皆一乾二兑三离四震,为之贞,而互交不出乎此也。其东南,则地卦自相交,皆八坤、七艮、六坎、五巽为之贞,而互交不出乎此也。天交天,地交地,各以类从。而阴阳分统,奇偶不配,物无由生。若东北,则地之四卦交于天之四卦,凡十六卦,而皆阳得阴偶。西南,则天之四卦交于地之四卦,凡十六卦,而皆阴得阳配,始为男女合而子嗣生。故否泰为乾坤之交，而卦生在奇偶之合。谓诸卦不交于乾坤者，则生于否泰……或谓西南诸卦，天上地下，动物应之，生气在首。东北诸卦，地上天下，植物应之，生气在根。其亦大致然乎。"

这段文字的主要内容是将方图分作四片，每片十六卦。以方图的右下方为西北，左上方为东南，右上方为西南，左下方为东北。是用四隅的方位分作四片。比较看来，四片中所出现的各十六卦，都各有同有异。西北片十六卦，内外卦所出现的都是乾☰、兑☱、离☲、震☳四卦，即所谓天卦，而无巽☴、坎☵、艮☶、坤☷四卦，即所谓地卦。东南片十六卦，内外卦所出现的都是巽☴、坎☵、艮☶、坤☷四卦，而无乾☰、兑☱、离☲、震☳四卦。西南片与东北片，内外卦所出现的卦，既有乾☰、兑☱、离☲、震☳，也有巽☴、坎☵、艮☶、坤☷。全图四片共六十四卦，是三种局面，而不是四种局面，这也是自然形成之理。至于所说的阴阳奇偶、动物植物与卦相应，这是古人的传统思想。

《皇极经世书》"先天方图第四"又说："乾七子、兑六子、离五子、震四子、巽三子、坎二子、艮一子、坤全阴，故无子。乾七子、坤六子、兑五子、离三子、坎二子、震一子，巽阴刚，故无子。"

这段文字是两种含义。第一种含义，所谓"乾七子""兑六子"。"乾七子"是指方图第一行由履☱卦上行至否☷共七卦，都是乾☰卦所生；第二列由夬☱卦左行至泰☷共七卦，也是乾☰卦所生。"兑六子"是指方图第二行由革☱卦上行至萃☷六卦，都是兑☱卦所生；第二行由睽☲卦左行至临☷共六卦，也是兑☱卦所生。以此类推到第二行坤☷，不能上行，也不能左行，所以说"坤无子"。第二种含义，所谓"乾七子"的看法同第一种含义，所谓"坤六子"即方图第八行由谦☷卦下行至临☷共六卦都是坤☷卦所生，由剥☷卦右行至萃☷共六卦也是坤☷卦所生。所谓"兑五子"是指第二行由萃☷卦上行至咸☷卦共五卦都是兑☱卦所生，第二列由睽☲至损☶卦共五卦也是兑☱卦所生。所谓"艮四子"是指第七行由蒙☷到贲☷卦共四卦都是艮☷卦所生，由蹇☷至旅☷卦共四卦也是艮☷卦所生。由此到第五行巽☷卦，既不能下行，也不能右行，所以"巽无子"。第一种方式，乾、兑、离、震、巽、坎、艮七卦所生之卦，都是上行和左行。第二种方式，乾、兑、离、震四卦是上行和左行，坎、艮、坤三卦所生之卦是下行和右行。第一种方法坤☷卦无所生，第二种方法巽☷卦无所生。

  以上引了三种对邵子方图发挥的理论，似乎都言之成理。这是后之学者研究邵子方图的心得。这类资料还不止此，但这些议论与邵子本人的著作很难结合。这些学者的研究未必符合邵子本人的思想，是不免于穿凿附会的。求之于《周易》经传，更不相干。我们若用这种方式去研究李氏归藏别卦图，也可作出一些理论（前文所述已有类似的地方）。我们认为作易图重在发明卦变，卦变还要求之实用，主要是用于解经，像王船山解《周易·序卦》而用卦变推演，则是很好的典范。

  下面附的《归藏别卦图（困知斋图）》是援用李氏《易象》的名目，宗旨在于为李氏图作变局以说明图无定式，不是虚妄的填补古归藏别卦图。

归藏别卦图（困知斋图）								
坤☷	剥☷	比☷	观☷	豫☷	晋☷	萃☷	否☷
艮☷	谦☷	渐☷	蹇☷	旅☷	小过☷	遁☷	咸☷
坎☷	涣☷	师☷	蒙☷	困☷	讼☷	解☷	未济☷
巽☷	井☷	蛊☷	升☷	姤☷	大过☷	鼎☷	恒☷
震☷	噬嗑☷	随☷	无妄☷	复☷	颐☷	屯☷	益☷
离☷	丰☷	同人☷	革☷	贲☷	明夷☷	家人☷	既济☷
兑☷	履☷	归妹☷	睽☷	节☷	中孚☷	临☷	损☷
乾☰	夬☰	大有☰	大壮☰	小畜☰	需☰	大畜☰	泰☰

  此图为《归藏别卦图》的变局。组图原则是将原图的竖排改为横排，内卦是照邵图原式，由下逆上成为乾、兑、离、震、巽、坎、艮、坤八列

的形式,外卦仍用《归藏别卦图》纯变、匹变的原则成卦。但作卦时,可用另一简便方法,以同列的位置变同位的一爻即成一列卦。如:第二列八个卦都是变第一列的上爻而成;第三列八个卦都是变第一列的五爻而成;第四列八个卦都是变第二列的五爻而成,也可以变第三列的上爻而成;第五列是变第一列的四爻而成;第六列是变第二列的四爻而成,也可以变第五列的上爻,所成卦相同;第七列是变第三列的四爻而成,也可以变第五列的五爻,所成卦相同;第八列是变第四列的四爻,或第六列的五爻,或第七列的上爻,所成卦相同。所以,变法是机动灵活的。总之,以能达到所要求的卦为目的。

　　此图是邵图的变局,也是《归藏别卦图》的变局。除此图外,还可作其他变局。原则是要求能掌握变的规律,即能随意成局。这是本书所强调的重法不重图,法有定理、图有定式、合理成局的宗旨。

释《周易别卦图》第五

周易别卦图(综)

坎—离		艮—兑	己	巽—震		坤—乾
复—姤	×	小畜—豫	己	谦—履	×	夬—剥
随—蛊		比—大有	×	同人—师		归妹—渐
旅—节	×	困—贲	己	噬嗑—井	×	涣—丰
升—无妄	×	大壮—观	己	临—遯	×	大畜—萃
中孚—小过		明夷—讼	×	需—晋		颐—大过
蹇—睽	×	革—蒙	己	屯—鼎	×	家人—解
否—泰		益—恒	己	咸—损		未济—既济

　　易卦分经卦、别卦两种。这两个辞来源很早的,《周礼·春官》太卜"掌三易之法,一曰《连山》,二曰《归藏》,三曰《周易》。其经卦皆八,其别卦六十有四"。李氏(灿如)《易象》有"三易(《连山》《归藏》《周易》)别卦图"。《连山》《归藏》有无别卦图,无法考证。因汉以后《连山》《归藏》之书已亡佚。周易六十四别卦图,本文前篇已说《京房八宫卦次图》是《周易别卦图》之类,但现存的京氏易传并无图,其佚篇中有无图不可知。清惠栋《易汉学》所载《八宫卦次图》,则是惠氏所制,虽有周易六十四别卦的内容,而不是周易六十四卦的原来次序。从汉以来流传的《周易》王弼注本,是完全无图的。若按《易传·序卦篇》,依其次序,作成纵横八卦图,却无意义。所以,也没有人作图。李氏(灿如)《易象》

此图，称为《周易别卦图》，其形式是按一般六十四卦作纵横八卦的图式，似乎是在为《周易》作别卦次序图。笔者认为，李氏(灿如)此图的特点，仍在于以此图显示一种卦变法，仍应作卦变图看。以下分析其列卦意义。

此图的组卦方法，是将八纯卦以外的五十六个杂卦分作七列，每列以三个原则布卦：1.反对卦；2.上下易位卦；3.倒覆卦。第一卦与第二卦反对，第三卦与第二卦的上下易位，第四卦与第三卦反对，第五卦是第四卦的倒覆，第六卦与第五卦反对，第七卦是第六卦的上下易位，第八卦与第七卦反对。此七列卦的规律应该是一致的，但第三列和第六列有了改变，因此两列的卦有特殊情况，使布卦方法不能不改变，若按原次序布卦，会出现重复卦，使全局不能具备六十四卦，故作了变局。

我们将六十四卦作分析：1.六十四卦，是三十二组反对卦；2.五十六个杂卦，是二十八卦的上下易位；3.二十八个倒覆卦，分之即为五十六卦[①]。《易象》图是用的三个原则布卦，三十二组反对卦是全备的，上下易位只用了八个，倒覆卦用了八个。这是它的布卦规律，只能出现八个上下易位卦和八个倒覆卦。

《易象》此图，是贯彻他全书的宗旨，以创新的精神，作新图以明卦变之理。《周易》经文的编次，原是照《序卦传》的次序安排的，此为王弼注本的次序。这与《周易》帛书的次序完全不同。但从王弼注行世以来，近两千年没有人看见第二个形式的《周易》经文。从本世纪七十年代初，在长沙马王堆汉墓中，发掘出帛书的《周易》，证明了《周易》有另一种形式的编排本子。以此推测，在东汉以前还可能有第三种或第四种编次不同的《周易》。现在，我们要讨论现行《周易》本的编次问题，首先应该研究《序卦传》。以《序卦传》的宗旨作图是附带的问题，李氏(灿如)《易象》的主旨是作图。

[①] 刘冰若原注：二十八个倒覆卦中，艮☶、兑☱、震☳、巽☴四个是纯卦，是两卦的倒覆，其余的倒覆卦都是杂卦。

从宋欧阳修著《童子问》一文提出"《序卦》非圣人之书"的论点，后世有许多人都赞同他这个论点。清代汉学家多是如此，宋学家的态度则不同。以下我们提出王船山和熊十力的论点为代表：他们的论点是对立的，但熊十力对王船山的哲学思想是同调，他是赞扬王船山的。

我们不讨论《序卦传》是否圣人之书。所谓圣人，不外是指周公、孔子。熊十力的论点是坚持《十翼》都是孔子所作。①王船山在他的《周易外传·论序卦传》一篇，其第一句便是说"序卦非圣人之书也"。下面简述他们的论点。

《序卦传》是以卦变的道理行文。从此文可以看出，是以两个倒覆卦相含接，而意义上也是含接的。六十四卦中有五十六个杂卦，除去中孚☲、小过☳、大过☱、颐☶，加上纯卦中的艮☶、兑☱、震☳、巽☴四卦，仍是五十六卦合并起来则只有二十八卦。②序卦将五十六个倒覆卦和八个不能倒覆的卦(乾☰、坤☷、坎☵、离☲、中孚☲、小过☳、大过☱、颐☶，故人称为反复不衰之卦)，计划安排，写成篇章，而意义上蝉联流转，一气呵成，文顺理达，都是奥妙的。所以后之读者，服膺赞赏。《序卦传》的义蕴俨然是叙述宇宙的发生和生物的起源与进化，结合人事，则是社会发展史。熊十力谈《易》的论点即是如此。在他的《读经示要》一书中，论《易经》这一章，他说："《序卦》一篇，昔人多疑为非圣人之言，此陋见也。余此为《序卦》，非圣人不能作，其义宏阔深远。"这是他肯定《序卦传》为圣人之书。

熊十力为了表达他的论点，按《序卦》的次序，也是《易经》的次序，提出十三个卦，即乾☰、坤☷、屯☵、蒙☶、需☵、讼☰、师☷、比☵、小畜☴、履☱、泰☷、否☰、同人☲。据经文，结合《序卦》，作了解释。下面节录一小部分，以见其概。他释屯卦说："乾、坤二卦之后，继以屯卦。

---

① 刘冰若原注：其说详所著《乾坤衍》一书。
② 刘冰若原注：晋韩康伯注周易，将这些卦称为"覆卦"；讲卦变的学者，将覆卦称为"综卦"。

乾有天象，坤有地象，屯者万物始生之象。故云：有天地然后万物生也。太空之中，诸天体凝成。而地球为太阳系中之一行星，其凝固之势与气温之度，至适宜于生物时，则万物始生。此屯之所以继乾坤也。屯之《象》曰：'屯，刚柔始交而难生，动乎险中，大亨贞，雷雨之动满盈。富哉斯言。"①难生者，物虽禀阴阳以生，而物之初成，则皆为重浊的物质，其生命力或心灵，犹不得显发，所谓无机物是也。当此之时，宇宙大生命将实现其自力，若不得不制造工具者，于是成为物质过盛的无机物。此乃势之所不容已者。然阴阳始交而生物之时，既已物质化，此即生命陷于险难之时，故曰难生也。夫物化即失其生命，险难孰大乎是？生命不得不以自力造工具（即物质），而险难亦于是乎生。但生命之意义与价值，亦以战胜险难而始见。使无险难，则何以显生命之刚健、创新与易简等德，而见其神圣与崇高，为不可屈挠者乎？动乎险中云云者，生命奋进乎险难之中，以开遁物质，而使之顺己以俱行。是故生命力充周法界②，盛大无匹，喻如雷雨之动满盈。屯之《象》曰："云雷屯，君子以经纶。"此语人之生命，即是宇宙大生命。吾人当自努力，以显发吾所固有之生命力，超有限而证无限③。是不啻吾人从险难之中，自创新生命。喻如君子经纶之盛，悉由自造也。云，喻真积力厚。雷，喻震迅发起之勇。处屯之时，将发挥其生命力，以出险难，非如云如雷之威势，何以克济，故曰云雷屯也。

屯者，物之始生也。物生必蒙，故受之以蒙。蒙者，蒙也，物之稚也。物始生必蒙，蒙者蒙昧，童稚之象也。生物之始，若无机物，则完全蒙昧，无心理现象可征也（实非无心，只是全不显发）。若植物，则似

---

① 整理者注：此处原标有"下略"二字，今省。
② 刘冰若原注："法界"一词，系借用佛家语。
③ 刘冰若原注：有限，谓身体，此是物质的，个别的，乃有分限者也。无限，谓生命。吾之生命，原与天地万物之生命为一。是生命固徧运乎一切物之中，无定在，而无不在者。故云无限。

有心理现象,而未著也。若动物,则其心作用已著见,而不能发展以至高明。此皆不离乎蒙昧也。人类自动物进化而来,虽不能无蒙昧,而皆可求遁,以抵于极高明之境。此人道所以终远于禽兽也。蒙之《象》曰:"蒙,山下有险,险而止蒙。"案:蒙之上卦为艮,艮有山象。下卦为坎。坎,陷也,故云险。物之始生,其生命或心灵犹为物质的形躯所锢闭,而不得显发。是为险陷之象。当初未得遁道,若山为之障,故云"蒙山下有险"。遇险而不求遁,乃止乎险,即终于蒙。故曰险而止蒙。审此,则济险之道,在自强以求遁,而不可止于险。此蒙之所为以亨行,乃得时中也。

"物不可以终否,故受之以同人。"否则思遁,故否卦次以同人。同人之卦,离下乾上。乾为天,离为火。二至四互巽,巽为风,天在上,火炎上而从之,得风益炽。是盖否极之世,群众悔祸,渐去昏浊,而向于文明①。其始必由少数善类,正己以率物,渐成风尚,天下之人皆向善,而不甘污下。善类多而善气昌,故为火炎于天之象。《系辞》曰:"同人于野,亨,利涉大川。利君子贞。"案:同人者,天下之人;皆有向善之心,即皆能去私以同乎人②。于野者,野谓旷远。同人以廓然大公之心,而无所私暱,故言于野③。同人承否之后,将通天下之志,以除天下之患。非无险阻,故有大川之象。然六二以顺德处中(二者位之中)。五阳和同,以众君子刚健之德,而当移风易俗之任,险无不济,故曰利涉大川。君子之贞,不利于否之世。今否势既倾,人皆怀善,以与人同。君子秉大公至正之道,而乐与天下人共由之,如风行草偃,无所不利,故曰利君子贞。《象》曰:"天与火,同人。君子以类族辨物。"同人下离上乾,为火炎于天之象。此喻善道大昌,文明之运,世界大同之几也。君子以类族辨物者,天下将进大同,必非以一部份优胜之力宰制

---

① 刘冰若原注:同人之下卦为离。何妥曰:离为文明。
② 刘冰若原注:自私则不能同人,惟心存乎善,便无往而不同人也。
③ 刘冰若原注:形容其心量之虚旷广远,无私欲之累也。

他部份而纳之同轨,必各民族,各展所长,各汰所短。于平等之中有互助之美,是谓"类族"。员舆之大,洲别壤分,天异气,地异产,辨其物宜,以遁有无,财无不均,生无不遂,故言"辨物"。是故否之世,人道绝而不遁;同人之时,人兴于善,而否倾会遁之德大行。君子当否运,所为独立不惧;吾非斯人之徒与而谁与?不信人道终绝也。

上文节删抄录熊十力释《周易》十三个卦中的三个卦的经文和《彖辞》、《象辞》,以说明他认为《易传》和《易经》的世界观包含了生命的起源和发展理论,也包含了人类社会的起源和发展,由蒙昧的社会发展到文明的社会,以至于世界大同。所谓大同世界,当然是理想的未来社会。信服儒家学说的人,从古到今,都有相同的信念。公羊学派的学者都是这样,现代学者如廖平、康有为、熊十力等为代表。从《礼记·礼运》《大学》《中庸》《乐记》等篇可以看出儒家性理学的渊源,而孟子更是宏扬性理学的。《论语》少谈性与天道,不过是记录《论语》的作者未多记录,因说"夫子之文章,可得而闻也。夫子之言性与天道,不可得而闻也"。《周易大传》各篇不管是否孔子所作,但其中提出的"乾道变化,各正性命""穷理尽性,以至于命""顺性命之理""类万物之情"等语,《易传》的作者认为这是《易经》的主要精神,所以可以认为《周易大传》的哲学思想,是与《礼记》和《孟子》等是一致的(假定《周易大传》为春秋战国时代的人所作),都是发挥儒家性与天道的学说的。

《易经》和《易传》的宇宙论有生命起源及其发展的论点,是概略的。当然,不同于自然科学家所研究的那样经过实测和考查。这只类似邹衍谈天,说中国九州之外还有大九州,瀛海环之。也如释家说的"三千大千世界"(这是宏观世界)和"一花一世界,一叶一如来"(这是微观世界),都出于他们的想象,却与事实接近。我们不能以现代科学的观点,去否定古人所发现的相对真理。儒家的大同思想在二千年前提出,近于乌托邦的理想。这个理想,两千年来并未实现过。孙中山宣扬《礼运》的思想,向往大同。但他领导的革命，只做到推翻帝制，对民主政治尚未粗具规模。他的理想，因他的逝世而结束了。大同世界的理想在孙中山之前，已由社会主义的理论家和政治家所实践。将来到了各尽所能、各取所需的共产主义社会，那就是大同世界了。

以上征引了熊十力的学说。以下再征引王船山《论序卦》的论点。船山是坚持否定《序卦》的，所以他《论序卦》这篇文章第一句就说："序卦非圣人之书也。"下文他提出"圣人之书"，应该是"明道"的。他说："道生于'有'，备于'大'，繁有皆实，而速行不息，太极之函乎……"船山认为《序卦传》没有发挥这种必需发挥的真理，为能"明道"，当然不是"圣人之书"。下文他根据历史的事实，汉宣帝时，河内女子发老屋，得《尚书·泰誓》《周易·序卦》等逸篇，献之朝廷。这种后出世的文献，是可疑的。不能相信它是"圣人之书"。

船山根据义理来辨证《序卦》的可疑，他发现《序卦》的倒覆卦有相因、相成、相反三种类别："相因者,物生必蒙之类也。相成者,物稚不可养之类也。相反者,物不可以苟合之类也。"这三种类别，是《序卦》作者无法自圆其说的时候使用的办法。"因之义穷，则诧之成。成之义穷，则诧之反。惟其意之所拟，说之可立，而序生焉，未有以见其信然也"，这是说《序卦》作者根据他自己的意图，而成立理论。其理论是不能使人信服的。船山认为倒覆卦的后卦，是勉强凑合的，是多余的。他说："且因者之理具于所因之卦，则屯有蒙、师有比、同人有大有，而后卦为赘余矣。"船山提出另一个问题，他认为一部分倒覆卦意义不应该是倒覆，实际应说为错卦才对。如"随之与蛊、渐之与归妹，错卦也，相反之卦也"，因为倒覆卦一般都不是反对卦，只有随、蛊、渐、归妹之类是另一种形式，所以船山说这些卦应该说成错卦（即反对卦）。

船山不承认倒覆卦的主要论点，已如上述。此外他还有所论述，我们从略，不再征引。

船山认为六十四卦是有组织条理的,但他不赞成《序卦》那样的条理。《序卦》基本上是以倒覆卦为原则建立理论。从乾坤到未济六十四卦都是上下联系,一线到底,成一套理论。他认为这是牵强的凑合,所以会出现一些不通之论和赘余而不必要的话。他也不赞成京房、邵雍将六十四卦组成纵横八卦图,成为卦序。他提出了组织卦序的意见。他说:"《周易》者,顺太极之浑沦,而拟其动静之条理者也。故乾坤并建而捷立,以为大始,以为成物。资于天者皆其所统,资于地者皆其所行。有时阳成基以致阴,有时阴成基以致阳。材效其情,而情无期。情因于材,而材有节。有节则比不溢于范围,无期则心不私于感应。借其不然,无期而复无节,下流且不足于往来;有节而复有期,一定之区,一形之范,将一终而天地之化竭矣。此京房八宫世应之术,邵子八八相乘之数,所以执一以贼道,而《周易》之妙,则固不然也。"

船山不是完全反对倒覆卦,只是反对《序卦》那样,将全部(五十六)倒覆卦都联系在一起,成为理论。他提出阖、辟、错、综四个纲目,在卦变方面,着重错卦。他所谓"错",即是反对卦(不是指的内外卦左右易位的错)。他所谓"综",即覆卦。他根据错综之理,将六十四卦组成四个大组,分为乾坤之属、坎离之属、覆艮之属、巽兑之属。即是将《序卦》原文分作四段,即成四组卦,并未改《序卦》的原次序而另成条理。但不用《序卦传》的义理,而别为之说。这是他全文的重心。

按《序卦传》的条理和卦义安排六十四卦卦序,除乾☰、坤☷、坎☵、离☲、中孚、小过、大过、颐八卦外,其余五十六卦都是倒覆卦的形式,不可能组成错卦(即反对卦)。船山补正这个缺点,在他的书中,特别强调错卦,并作了图式。我们根据他的原图,作出《六十四卦错综图》,附于篇中。

上文已说船山按《序卦》的原次序将六十四卦分作四组,《序卦》的卦序是乾、坤为首。船山说:"乾坤定位以交感而成六子,六子立而与乾坤分工，则乾坤亦自有其化矣。凡乾坤之属，其卦二十六，其象十四。"

乾坤之属	其卦二十六	其象十四
屯 ䷂ (倒覆)蒙	同人 ䷌ (倒覆)大有	剥 ䷖ (倒覆)复
需 ䷄ (倒覆)讼	谦 ䷎ (倒覆)豫	无妄 ䷘ (倒覆)大畜
师 ䷆ (倒覆)比	随 ䷐ (倒覆)蛊	颐 ䷚
小畜 ䷈ (倒覆)履	临 ䷒ (倒覆)观	大过 ䷛
泰 ䷊ (倒覆)否	噬嗑 ䷔ (倒覆)贲	

《周易》上经道乾☰、坤☷、屯☵、蒙☶，《序卦》解此四卦说："有天地，然后万物生焉。盈天地之间者唯万物，故受之以屯。屯者，盈也。屯者，物之始生也。物生必蒙，故受之以蒙。蒙者，蒙也，物之稚也。物稚不可不养也。"船山释此四卦说："天地之交感以阳始。故一索得震，再索得坎而为屯。再索得坎，三索得艮而为蒙。阳倡其先，阴定其体，故为物始生而蒙昧之象焉。"《序卦》和船山的立说是大不同的。《序卦》的义理上文引了熊十力的解释，已甚明确，这里船山的立说，则是卦义发挥所谓"一索得震"，是指屯䷂的内卦是震☳，是指经卦乾☰坤☷初交而得震☳；"再索得坎"，屯䷂的外卦是坎☵，是乾☰坤☷再交而得坎☵[①]；"三索得艮而为蒙"，这是说蒙䷃的内卦是坎，外卦是艮☶，

[①] 刘冰若原注：一索、再索等辞，本之《说卦》。

此坎此艮都是乾坤相交而得,所以成屯成蒙都是乾坤相交的结果。船山解释的原则是这样,乾坤之属二十六卦,仅举四卦,以见例,余从略。

坎离之属　其卦二十　其象十	
咸 ䷞ (倒覆)恒	损 ䷨ (倒覆)益
遯 ䷠ (倒覆)大壮	夬 ䷪ (倒覆)姤
晋 ䷢ (倒覆)明夷	萃 ䷬ (倒覆)升
家人 ䷤ (倒覆)睽	困 ䷮ (倒覆)井
蹇 ䷦ (倒覆)解	革 ䷰ (倒覆)鼎

坎离之属,其卦二十,《序卦》原次序:坎、离、咸、恒。《序卦》释"坎离咸恒"说:"物不可以终过,故受之以坎。坎者,陷也。陷必有所丽,故受之以离。离者,丽也。有天地然后有万物,有万物然后有男女,有男女然后有夫妇,有夫妇然后父子,有父子然后有君臣,有君臣然后有上下,有上下然后有礼仪有所错。夫妇之道不可不久也,故受之以恒。恒者,久也。物不可以久居其所,故受之以遯。遯者,退也。物不可以终遯,故受之以大壮。"船山释此数卦说:"坎离二卦者,天地水火之枢也。坎离者,阴阳相交之盛者也。阳得乾之中为坎,阴得坤之中而为离,于是备阴阳交感之德,故其为属也,始乎咸恒。离中之阴升而上,坎中之阳升而三,离中之阴降而初,坎中之阳降而四,水火升降之始也。坎中之阳升而三,以应乎天,则为遯。坎中之阳降而四,以聚乎

阳,则为大壮。皆坎之合乎乾者也。"《序卦》的大意,是从卦象立说,乾坤象天地,所以说"有天地然后有男女";夫妇是男女结成的,所以说"有男女然后有夫妇";夫妇应全始全终,所以说"夫妇之道不可不久",久即是恒,是指的恒☷卦。船山的立说,是就卦变说的。乾坤为天地,坎离为水火,坎离这两卦自乾坤出,乾☰坤☷交通中爻而成坎☵离☲。咸☱卦的上卦是兑☱、下卦是艮☶,兑☱是由离☲卦中爻上升所成,艮☶卦是坎☵卦中爻上升所成,所以咸☱卦是坎☵离☲所变。恒☳卦上卦是震☳、下卦是巽☴,震由坎☵的中爻下降而成,巽☴卦是由离☲卦中爻下降而成,所以他说:"离中之阴升而上①,坎中之阳升而三②,离中之阴降而初③,坎中之阳降而四④。"坎离之属其卦二十,也举四卦以见例。

震艮之属 其卦四 其象二	巽兑之属 其卦六 其象四
渐 ☶ (倒覆)归妹	涣 ☵ (倒覆)节
丰 ☳ (倒覆)旅	中孚 ☴
	小过 ☳
	既济 ☵ (倒覆)未济

震艮之属其卦四,《序卦》原次序震、艮之下为渐、归妹、丰、旅。《序卦》释此四卦说:"震者,动也。物不可以终动,止之,故受之以艮。艮者,

---

① 刘冰若原注:是咸☱卦的五爻升上爻。
② 刘冰若原注:是咸☱卦的二爻升三爻。
③ 刘冰若原注:是恒☳卦的二爻降初爻。
④ 刘冰若原注:是恒☳卦的五爻降四爻。

止也。物不可以终止,故受之以渐。渐者,进也。进必有所归,故受之以归妹。得其所归者必大,故受之以丰。丰者,大也。穷大者必失其居,故受之以旅。旅而无所容,故受之以巽。"船山释此四卦说:"震艮巽兑阴阳杂而不得中,故其卦仅有存者。巽道犹存而震变,阳杂起而上于三则为渐。震道犹存而巽变,阴杂起而上于三,则为归妹。交错之卦,象之杂者也。震存可以交巽,而巽阴升乎二,不与震应为丰。艮存可以交兑,而兑阴降乎五,不与艮应为旅。此震巽艮兑之将交,而以杂不合,杂之尤者也。"《序卦传》辞意明显,无须说明。船山的解释是用卦变的理由立说,需明瞭其卦是如何变的,才能会通其义。艮、震为阳卦,巽、兑为阴卦,震艮之属的渐、归妹两卦,就是艮、震、巽、兑四个经卦组合的,所以说阴阳杂。归妹䷵二、五爻不得中,所以说阴阳杂而不得中。丰䷶、旅䷷的五爻应该是阳爻,却成了阴爻,也是不得中的。渐䷴的外卦是巽☴,渐䷴的五爻是阳爻,得了位的,所以说"巽道犹存"。巽☴的反对卦是震☳,归妹䷵的外卦是震☳,此震☳可说为巽☴所变,其第五爻虽为阴爻,不得位,但震☳为阳卦,所以说"巽道犹存而震变"。渐䷴的倒覆卦是归妹䷵,渐䷴卦倒看则内卦是震☳。震☳初爻是阳,此爻上升至三爻则为艮☶。巽☴上艮☶下为渐䷴卦,所以说"巽道犹存",杂起而上于三则为渐䷴。归妹䷵的内卦是兑☱,归妹䷵的倒覆卦是渐䷴,归妹䷵卦倒看则内卦是巽☴,巽☴初爻升到三爻则成兑☱。震☳上兑☱下则为归妹䷵卦,所以说"震道犹存",杂起而上于三则为归妹䷵。上面已解释渐䷴、归妹䷵两卦为艮☶、震☳所变。

以下释丰䷶、旅䷷两卦。丰䷶的外卦是震☳、内卦离☲。艮震之属的卦,是震、艮、巽、兑四个经卦相杂而变。丰䷶的外卦是震☳,此震☳是合法存在的。与震☳相应的是巽☴,但离☲是巽☴所变,巽☴初之二成离☲,所以说"震存可以交巽"(震与巽交通),而巽☴阴升乎二,不与震☳应为丰☲☳①。旅䷷的内卦是艮☶,此艮☶是合法存在的。与艮☶相应的是兑☱。但旅䷷的外卦是离☲,却不是兑☱。但离☲是兑☱的上爻降到五爻,成了上离☲下艮☶的旅䷷卦。所以说"艮存可以交兑"。而兑☱阴降乎五,不与艮☶应为旅②。

震艮之属 配是表示震艮之属的卦是震、艮、巽、兑四个经卦所变,用益是说益内卦初上于三成震					
	配			配	
艮— 震—	益䷩	渐䷴	归妹䷵	恒䷟	—震 —艮
	配				
震— 巽—	恒䷟	丰䷶	旅䷷	咸䷞	—兑 —艮

巽兑之属		
震阳升乎二	益䷩	涣䷺	节䷻
	中孚䷼	小过䷽
	既济䷾	未济䷿

巽兑之属其卦六。《序卦》原次序,巽、兑之下为涣、节、中孚、小过、既济、未济。《序卦》释此六卦说:"丰者,大也。穷大者必失其居,故受之以旅。旅而无所容,故受之以巽。巽者,入也。入而后说之,故受之以兑。兑者,说也,说而后散之,故受之以涣。涣者,离也。物不可以终离,故受之以节。节而信之,故受之以中孚。有其信者必行之,故受之以小过。有过物者必济,故受之以既济。物不可穷也,故受之以未济终焉。"船山释此六卦说:"巽存可以交震,而震阳升乎二,不与巽应为涣。兑存可以交艮,而艮阳降乎五,不与兑应为节。此巽、兑之变与丰、旅其尤杂者也。故是四卦相错,杂出于震、艮、巽、兑之间,互为往

---

① 刘冰若原注:丰䷶卦只上爻与三爻相应,若为恒䷟卦,则六爻都相应了。
② 刘冰若原注:旅䷷卦只有一、四爻相应,若为咸䷞卦,变六爻相应了。

复,其相比附也密迩呼应。杂不可久,将反贞也。反其贞而巽、兑交而为中孚,震、艮交而为小过。于是而震、艮、巽、兑之体定,故继以水火交合之定体焉。既济、未济,水火交定,而乾坤相交之极致,亦于是而成。一上一下,水火相接而成化。一阴一阳,乾坤相错而成章。其于震、艮、巽、兑也,则既济震阳上升于五,巽阴上升于二,艮阳下降于五,兑阴下降于二;未济则震阳上升于二,巽阴上升于五,艮阳下降于二,兑阴下降于五。皆升降相应,往来而得中者也。自屯、蒙以来,阴阳相交相杂,迨是而始定,乃殊途之极则,百致之备理也。故列乾、坤于首,以奠其经。要既济、未济于终,以尽其纬。而浑沦无垠,一实蕃[万]变之理皆具。此《周易》之所以合天也。"

船山此段文字,为《论序卦》全文的终结。在此仍只就巽兑之属六卦作解释。他所谓"巽存可以交震,而震阳升乎二,不与巽应为涣",这是说涣䷺的外卦为巽☴(即巽存),与巽☴相应的卦为震☳,而涣䷺的内卦是坎☵。但坎☵是震☳所变,即是震☳的初爻升于二爻所成。涣䷺卦只三、六爻相应,坎☵是不与巽☴应的,震☳才能与巽☴相应,所以说"不与巽应"。"兑存可以交艮,而艮阳降乎五,不与兑应为节",这是说节䷻的内卦是兑☱(即兑存),与兑☱交通的是艮☶,而节䷻的外卦是坎☵,不是艮☶,但此坎☵是艮☶所变,即是艮☶的上爻降到五爻所成。节䷻之一、四爻相应,坎☵是不与兑☱应的,所以说"不与兑应"。中孚䷼、小过䷽两卦在艮兑之属诸卦和艮震之属诸卦是独特的。因为这两属十个卦,只有中孚䷼、小过䷽两卦不与它卦相杂,而归于贞,贞即是正,即平正之义。所以船山说:"四卦相错,杂出于震、艮、巽、兑之间,互为往复,其相比附也密迩呼应。杂不可久,将反贞也。反其贞而巽、兑交而为中孚,震艮交而为小过。于是而震、艮、巽、兑之体定,杂之必贞也。震艮巽兑之体定,而有坎离之象,则六子之体咸于此定,故继以水火交合之定体焉。"此所谓"坎离之象"有两种含义,上述八卦中,已出现了几个坎卦和离卦,这是已著的坎、离之象。而震、艮、巽、兑爻位升降即成坎、离,这是未著的坎、离之象。震☳初升二为坎☵,艮☶降二亦为坎☵,巽☴初升二为离☲,兑☱三降二亦为离☲①。以此同类,坎、离则有震、艮、巽、兑之象。坎☵二升于三为艮☶,坎☵二降于初为震☳。离☲二升于三为兑☱,离☲二降于初巽☴。坎、离相交,则为既济、未济,所以船山说:"其于震、艮、巽、兑也,则既济,震阳上升于五,巽阴上升于五,艮阳下降于五,兑阴下降于二;未济,则震阳上升于二,巽阴上升于五,艮阳下降于二,兑阴下降于五。皆升降相应,往来而得中者也。自屯、蒙以来,阴阳相交相杂,迨是而始定。乃殊途之极则,百致之备理也。故列乾、坤于首,以奠其经。要既济、未济于终,以尽其纬。而浑沦无垠,一实(万)变之理皆具。此《周易》之所以合天也。"船山在此终结全文,也概括了《周易》全书的卦序。

　　船山将六十四卦分为四组,已如上述。而四组的卦或多或少不等,船山也有所说明。他说:"乾坤之德纯,其数九十而得中,故其卦多。坎离之位正,其数九十,与乾坤均。阴阳合德,水火相入,故其卦次多。震艮毗阳,巽兑毗阴,德既不合,用亦相违,其数非过则不及,故其卦少。巽兑之属虽六卦,而既济、未济与乾、坤相为始终。乾、坤,纯之至者也;既济、未济,杂之尤者也。一致而百虑,故始乎纯、终乎杂。则既济、未济不系乎巽兑而自为体,是巽兑之属四,与震艮均也。颐、大过,乾、坤之用终;中孚、小过,六子之用终。颐、大过、中孚、小过,四隅之经,与乾、坤、坎、离相为维络者也。故既济、未济,绍合天地初终,而错综同象,为卦变之尽神者,以成乎浑沦变合之全体焉。"

　　船山论卦与《易·序传》论卦是宗旨不同的。但船山对六十四卦的次序,则没有歧见,或者他认为《序卦传》的次序,即《易经》的次序,经是不可非议的,所以他不反对《序卦传》的次序,而只反对《序卦传》的

---

① 刘冰若原注:这都是就经卦说,犹重卦说,则为升于三、升于五。

立说。我们认为《易经》的卦序是谁安排的，难于定论。如果《易经》的卦序即《序卦传》的作者所安排，则《序卦传》亦不容非议，但《易经》与《序卦传》的次序相同，这只是王弼注本，或费直、孟喜一条的本子是如此。以帛书《周易》为证明，则另是一种本子，经文次序完全不同，则《序卦传》的次序问题，就不必争论了。我们认为，《序卦传》的理论立说的主旨不同，是可以各行其是，而相得益彰。因为船山论序卦，只谈由爻变而成卦，并未阐发卦义。《序卦传》则偏于阐发卦义，不谈卦变。各有立论重心。因此，我们也不是折中主义，这也是我们的臆说。至于释船山谈卦变是否得船山之旨不敢自信，是本就有道而焉之义而陈说之。

错综卦图							
乾	坤	坎	离	颐	大过	中孚	小过
屯	鼎	小畜	豫	剥	夬	解	家人
蒙	革	履	谦	复	姤	蹇	睽
需	晋	临	遯	无妄	升	震	巽
讼	明夷	观	大壮	大畜	萃	艮	兑
师	同人	噬嗑	井	咸	损	丰	涣
比	大有	贲	困	恒	益	旅	节

此图是根据船山原图改作。船山图横看，不是八个卦，是按他的特殊意义，各列卦数不相齐同。此图则是按常例，每列八个卦，因为能错能综的卦，合计是四十八个，排成六列就全备了。加上用错不用综的八个卦，和错综同象的八个卦，另为两图，则六十四卦全备。

此图每列的一、三、五、七四列,是《序卦传》的原次序,二、四、六、八四列每卦是与前卦相配合成错卦(即反对卦),所以不能依《序卦》原次序。此两项都是照船山原图,未作改变。只是船山图是一卦倒看成两卦,此图则将覆卦演出,置于下行,这样才能成四十八卦。船山说的"其象二十四,其卦四十八"。

用错不用综图							
乾☰	坤☷	坎☵	离☲	颐	大过	中孚	小过

船山将《周易》六十四卦分作三类:(1)用错不用综;(2)错综;(3)错综同象。第一类和第三类各八卦,第二类四十八卦,合计为六十四卦。上文已谈了错综卦。为了行文方便,先谈错综卦,后谈其余两种卦。

用错不用综的八个卦,也称错而不综之卦。粗略的看这八个卦,只感到这是四组反对卦,是不能综的卦。船山却将这八个卦联系起来,用卦变之理说明互相关系,这是他的一贯精神。船山说:"乾、坤、中孚、小过以为始终,颐、大过、坎、离以位乎中,天地水火之有定体也。颐、大过,外象坎、离,内备乾、坤之德,其有位者,一乾、坤之纯也。中孚、小过,外象乾、坤,中含坎、离之理,其致用者,一坎、离之交也。凡不综之卦,非不可综也,综之而其德与象无以异。其志定,其守贞,其德凝,故可以始,可以终,可以中而为变化之所自生也。"

船山将这八个卦连成一片来看,则乾、坤是在首位的卦,是开始;中孚、小过是在末尾的卦,是告终。坎、离、颐、大过四卦是在这一列卦的中间位置,所以他说:"乾、坤、中孚、小过,以为始终。颐、大过、坎、离,以位乎中。"乾、坤象天地,坎、离象水火。颐☶上阳降五成坎☵、初阳升五成坎☵,大过☱上阴降五成离☲、初升二成离☲,中孚☴三升五则内卦成乾☰、四降二则外卦成乾☰,小过☶四降二则外卦成坤☷、五降三则内卦成坤☷(这便是中孚、小过外象乾、坤),中孚☰四升五外卦成离☲、三降二内卦成离☲,小过☷四升五外卦成坎☵、三降二内卦成坎☵①。所以船山说:"颐、大过,外象坎、离,内备乾、坤之德,其有位者,一乾、坤之纯也。中孚、小过,外象乾、坤,中含坎、离之理其致用者,一坎、离之交也。"

错综同象图							
泰	否	随	蛊	渐	归妹	既济	未济
䷊	䷋	䷐	䷑	䷴	䷵	䷾	䷿
倒覆否	倒覆泰	倒覆蛊	倒覆随	倒覆归妹	倒覆渐	倒覆未济	倒覆既济

船山说:"错综同象,其德成乎异之甚,虽变更来往,而亦不齐也。故泰遯而否塞,随从而蛊改,渐贞而归妹淫,既济成而未济毁,非若屯蒙相仍,师比相协,同人大有相资,损益相剂之类也。泰、否者乾、坤之大机。随、蛊、渐、归妹者,雷风山泽之殊用。既济、未济者,坎、离之极致。随、蛊从乎乾、坤,雷风山泽之承天地也。渐、归妹之际乎、震、艮、巽兑,从其类也。"所谓错综同象,本列从泰到未济八个卦,是四组反对卦,同时也是倒覆卦。如泰䷊与否䷋,是反对卦(即错),泰䷊、否䷋也是倒覆卦(即综)。其余五十六卦中,有八卦(如乾䷀、坤䷁等)是能错不能综的,有四十八卦是综卦(如屯䷂、蒙䷃、鼎䷱、革䷰等,但屯䷂、蒙䷃的错卦是鼎、革,而不是屯䷂、蒙䷃本卦的倒覆)。错综同象的八个卦,则与那些卦差异。这八个卦虽将爻位升降往来,而所成的卦不同。所以船山说:"错综同象,其德成乎异之甚,虽变更往来,而亦不齐也。"此数语的中心是"异之甚"。船山将从泰䷊到未济䷿等八卦归纳为八种含义,即遯、塞、从、改、贞、淫、成、毁等八个字。这八种含义,是相对的四项、这是人事和天道的寻常现象。船山将这些事理结合在错综同象的八个卦里,这是极高明而道中庸。这种变异是与错综卦不

---

① 刘冰若原注:这便是中孚、小过中含坎、离之理。

相同的。所以船山说："非若屯蒙相仍，师比相协，同人大有相资，损益相剂之类也。"船山又将此八卦从升降爻而卦互变，以说明诸卦的相互关系。否䷋、泰䷊两卦，内外卦都有乾☰有坤☷，所以说"否、泰为乾、坤之大机"。随䷐初升上，蛊䷑上降初，则随䷐成否䷋、蛊䷑成泰䷊，内卦是乾☰、坤☷，所以"随、蛊从乎乾、坤"。随䷐、蛊䷑、渐䷴、归妹䷵四卦都是雷风山泽所成，所以"随、蛊、渐、归妹，是雷风山泽之殊用"。坎䷜、离䷝能变化成许多卦，但以成既济䷾、未济䷿为极致，既济䷾、未济䷿两卦，也是《周易》全书的终结。但未济䷿之义，是说乾、坤为万物之源，流行生化没有止息，所以卦变终于未济。若终于既济，则乾坤息矣。

周易别卦图（困知斋图）							
乾	坤	坎	离	颐	大过	小过	中孚
屯	蒙	革	鼎	师	比	大有	同人
晋	明夷	讼	需	谦	豫	小畜	履
泰	否	随	蛊	临	观	噬嗑	贲
损	益	旅	丰	升	萃	节	涣
无妄	大畜	困	井	家人	睽	蹇	解
遁	大壮	渐	归妹	艮	震	巽	兑
剥	复	夬	姤	咸	恒	既济	未济

此图是以《序卦传》倒覆卦为主要内容，因为排列成一种形式，就不能用序卦六十四卦的原次序，而把它列成纵横八卦的一般形式，又要体现几种规律，这是演此卦图的主要要求。所谓规律，有下列几种：

（1）保持倒覆卦的原则。前后卦为倒覆卦，第三卦为第二卦的反对卦，第四卦为第三卦的倒覆卦，后四卦准此，如此八卦组成一列。这是用焦循《易图略·论序卦》一文，提出的序卦有反对卦的方法。从一列卦看是四个卦的倒覆。既演成了八个卦，又可看出有四组反对卦的形式，这在此二、三行中最为明显。

（2）兼用循环法组卦。从第二列起，屯☷、蒙☶两卦用循环法演成下列的晋☷、明夷☷两卦。屯☷初爻向上循环成晋☷、蒙☶上爻向下循环成明夷☷。革☱、鼎☰两卦，用循环法演成下列的讼☰、需☰两卦，革☱上爻向下循环成讼☰、鼎☰初爻向上循环成需☰。全图所用循环法都是动初爻或上爻，因势选用，不能固定。以下各卦仿此。

此图因受循环法的限制，各列的反对卦便不一致，至于或有或无。如果不用循环法组卦，则出现的反对卦是整齐划一的。此图用循环法，是上列卦循环成下列卦，但有一部分则改变了方法，是前卦循环成后卦，循环之后也成了倒覆卦。这种演卦法只能在一部分卦中使用。此图第六、七、八列，即用的前卦循环成后卦的方法，都是成了倒覆卦的。此十六卦有的能演成下列卦，有的则不能。兹不举例。此图用循环法前卦成后卦，如第六列家人☲上爻向下循环成睽☲，即后卦①蹇☵初爻向上循环成解☳，即后卦。第七列艮☶上爻向下循环成覆，即后卦，巽☴初爻向上循环成兑☱，即后卦。第八列演法同此。此列不适宜演成下列卦，如果演成下列卦式，则所成的卦都是重复的，则全图成七十二卦。

也可以不用此法。此图从第二列起到第八列，可分为十二组卦，即每列两组，前四卦为一组，后四卦为一组，每组两个倒覆卦、两个反对卦。例如第二列屯☷与蒙☶为倒覆卦、革☱与鼎☰为倒覆卦，屯☷与鼎☰为反对卦、蒙☶与革☱为反对卦，师☷与比☵为倒覆卦、大有☰与同人☰为倒覆卦，师☷与同人☰为反对卦、比☵与大有☰为反对卦。以下六列仿此。但其中有两组例外，即第四列的前组泰☷、否☰为倒

---

① 刘冰若原注：若将睽排在下列，便与后卦相同了。

覆卦也是反对卦,随䷐、蛊䷑为倒覆卦也是反对卦。又,第八列归妹䷴、渐䷴为倒覆卦也是反对卦,既济䷾、未济䷿为倒覆卦也是反对卦。以上两组倒覆卦和反对卦的数量相同,只是卦位有改变,所以本图二至八列是贯彻了倒覆卦与反对卦相结合的原则组图。惟第一列八个卦只有反对卦,而无倒覆卦,古人称为"反覆不衰"的卦。

上文已说,前卦用循环法成后卦,在此图中有三组卦为此形式,如第八列剥䷖上九向下循环成复䷗,姤䷫初六向上循环成夬䷪,解䷧上六向下循环成蹇䷦,睽䷥初九向上循环成家人䷤,艮䷳上九向下循环成震䷲,巽䷸初六向上循环成兑䷹。本图只此三组卦为例。

(3)此图基本照顾了《序卦》原文的次序,如乾、坤在第一列、屯、蒙在第二列、需、讼在第三列、泰、否在第四列,同人、大有在第二列、谦、豫在第三列,随、临、观、噬嗑、贲都在第四列。第三列的卦是第二列的卦用循环法演出的,所以它的次序不能计划安排,二、四、六列不过在图上有此现象而已。此图的要点,着重在演倒覆卦。

此图为困知斋读《易》图之一。

帛书周易别卦图							
(原文从上而下排列后成此图,据高亨《易传论》9页作图)							
乾	艮	坎	震	坤	兑	离	巽
否	大畜	需	大壮	泰	夬	大有	小畜
遯	剥	比	豫	谦	萃	晋	观
履	损	蹇	小过	临	咸	旅	渐
讼	蒙	节	归妹	师	困	睽	中孚
同人	贲	既济	解	明夷	革	未济	涣
无妄	颐	屯	丰	复	随	噬嗑	家人
姤	蛊	井	恒	升	大过	鼎	益

此图的布局,即帛书《周易》经文的编次,此书与王弼注本的编次完全不同。王本的编次是按《序卦》的次序排列,帛书经文既与《序卦》

的次序不合，则《序卦》一篇在此书中是不需要的。

此图的布局是按此书的八经卦乾、坤、艮、兑、坎、离、震、巽的次序，将此八经卦组成四个重卦，即否、损、既济、恒。

此图第一列八重卦即八经卦的次序。将否、损、既济、恒四个重卦用外卦的次序，即乾、艮、坎、震四卦；内卦的次序，是坤、兑、离、巽四卦。此八经卦既是第一列八纯卦的次序，也是以下七列外卦的次序。第一列内、外卦次序相同，以下七列外卦次序相同，内卦则各列不同。将内卦分作八行看，是有规律的，其规律即八经卦的次序，为乾、坤、艮、兑、坎、离、震、巽。其第一行八经卦是四组反对卦，次序不乱，八经卦的次序，起乾终巽，次序不乱。以下七行，八经卦也是完备的，但次序各列不同。例如第二行第四列的内卦应为艮，因此艮卦已在第一列出现了，便将此列的艮改为兑，这样艮、兑的反对形式就不连接了。以下六列形式相同。

此图内卦的差别形式也形成规律。外卦各列是八经卦完备，不多不少。内卦则从第二列至第八列则互相差异。第二列是七个乾、一个坤，与第八列成对比，第八列是七个巽、一个震。单一的坤卦在第二列的第一行，单一的震卦在第八列的第八行，成对称式。第三列六个坤、两个艮，与第七列成对比，第七列六个震、两个离。第三列的两个艮卦在一行与五行，第七列的两个离卦在四行与八行，成对称式。第四列五个艮、三个兑，与第六列成对比，第六列五个离、三个坎，都有对称的形式。第五列是七列卦的中心，上面有三列，下面有三列。那六列内卦，卦的位置是相互对称，卦的数量也是相互对称。此列内卦数量上是平衡的（四个坎卦、四个兑卦），位置上是间隔出现，另成规律。

以上出现的规律形式，是自然形成，并无深意，但其规律是可观的。如果没有这些规律，便形成混乱，不能成图。这是卦变图的奇妙处，一切六十四卦图，都是如此。

◎附　录

卦名释例[①]

李镜池

关于卦名,我在《周易筮辞考》中第六节《卦名与卦爻辞之编纂》已有论及,我在彼文说:

卦名有三种样式:

(1)单词独立的——如乾、坤、屯、蒙、小畜、大有之类。

(2)连于他文的——如"履虎尾","否之匪人","同人于野","艮其背"是。"观"与"中孚"则为连文中之独立的。

(3)省称的——如坎本为"习坎",省称坎。"无妄",《象传》谓"物与无妄",似亦因省称而有脱文。

卦名与卦、爻辞之关系:

(1)卦名与卦、爻辞意义上全有关系的。——如师卦,卦名与卦辞、爻辞完全是说师旅之事的;只有六五"田有禽,利执言"句,是说田猎。然古者田猎也是讲武习兵的,所以也可说是有关系。颐卦说的是饮食之事,履卦说的是行旅之事。

(2)大部分言一事,只有小部分不同,然而与卦名也有意义的关连的。——如复卦都是说往而能复的,这往复是指行旅说;但上六末后附有一节讲行师,大败而能复。行旅与行师是两事。鼎卦说的是饮食之事,又说"得妾以其子",也与饮食有关。归妹说嫁女事,又从嫁女讲到夫妇生活。

[①] 李镜池著《周易探源》277页-284页,系刘冰若抄录。

(3)只小部分或一半与卦名的意义或字音有关系。——如随只六二、六三、九四有关,余无关。噬嗑一半言噬,一半言刑狱。

(4)卦中说的不是一事,因为卦名有数义,或以同字或以假借而聚拢一块的。——如需卦,需或借为濡,为懦,为濡染,濡溺,为畏嚅等。此类颇多,不能专执一义来解释。

(5)卦名与卦、爻辞无关连的。——如乾为天,但卦、爻辞之乾不训天,亦不说天;坤为地为顺,但卦、爻辞不说地,亦不言顺。

(6)渐卦是特别的一类,与上五种不同。渐说的是鸿渐,与所言之事无关。

在这六种中,只有第(1)种卦名与卦义有关,其余在无关、有关之间。我的意思是说,卦、爻辞是复杂的,一卦不一定讲一事,卦名与卦、爻辞所说不一定相符。后来高亨著《周易古经今注》,在《通论篇》中《易卦得名表》,分"外形与卦名有关者"与"内形与卦名有关者"两项,表中所举,多外形有关,其内形有关的绝少,所以他以卦名为后人所加,与我所说卦与辞没有关系的论断(见《筮辞考》结论)相同。兹引他的话来看:

《周易》六十四卦,卦各有名,先有卦名乎?先有筮辞乎?吾不敢质言之也。但古人著书,率不名篇,篇名大都为后人所追题,如《书》与《诗》皆是也。《周易》之卦名,犹《书》《诗》之篇名,疑筮辞在先,卦名在后,其初仅有六十四卦形以为别,而无六十四卦名以为称。依筮辞而题卦名,亦后人之所为也。

他的话极对。他还列举《易》卦得名之义例有八端:

一、取筮辞中常见主要之一字以为卦名。如"乾""屯""蒙""需"……四十七卦皆是也。但乾卦筮辞五爻有龙字,一爻隐龙字,一爻有乾字,不名之曰龙而名之曰乾,此不可解者也。

二、取筮辞中常见主要两字,以为卦名。如"同人"、"无妄"、"明夷"、"归妹"四卦皆是也。

三、取筮辞中常见主要之一字,而外增加一字以为卦名。如"噬嗑"取噬字,"大壮"取壮字,"小过"取过字皆是也。

四、取筮辞中内容之事物以为卦名。如大畜,筮辞中有马有牛有豕,皆家畜大物也。但小畜筮辞中绝无家畜字样,何由名为小畜?此不可知者也。

五、取筮辞中常见之二字,及内容之事物以为卦名。如"家人"、"未济"两卦是也。

六、取筮辞中常见主要之一字及内容之事物而外增一字以为卦名。如"大过"、"既济"两卦是也。

七、取卦辞首二字为卦名。如"大有"、"中孚"是也。

八、卦名与筮辞无关,莫明所以命名之故者。"坤"、"小畜"、"泰"是也。

综之,六十四卦卦名,皆原无意义,而《易·十翼》往往就卦名以论吉凶,实拘墟之见也。

高亨的话,我以为最需要商量的,是他增加卦名的地方。他增加了"履"、"否"、"同人"、"大有"、"艮"、"中孚"六个卦名,而删"习坎"为坎,以为习字衍文。他的说明是:

"大有"原文曰:"☰大有元亨。"似大有为卦名,元亨为卦辞,但此卦仅"九二"云,"大车以载,有攸往,无咎"。其外绝不见大有二字,而此卦非取"九二"大字有字以为卦名,良可断言。故余以为初文当作"大有,大有元亨。"上大有二字乃卦名,下大有二字乃卦辞。卦辞云大有者,古谓大丰年为大有,盖占岁者筮遇此卦,可遇大丰年,故曰大有也。后人因取卦辞之首大有二字以为卦名,而转写脱去,其卦之所以得名遂亦湮晦矣。中孚原文曰:"☴中孚豚鱼吉。""中孚"为卦名,"豚鱼吉"为卦辞,但此卦仅九五云"有孚挛如",此外绝不见中孚二字,而此卦名非取九五孚字以为卦名,良可断言。故余以为初文当作:"中孚:中孚,豚鱼吉"。上中孚二字乃卦名,下中孚二字乃卦辞。卦辞云"中孚豚鱼吉"者,中读为忠,孚,信也。言人有忠信之忱,祭祀之时,虽用豚鱼之微亦吉也。后人因取卦辞之首中孚二字以为卦名,而转写脱去,此卦之所以得名遂亦湮晦矣。

我以为这话并不可靠。我对于卦名的看法,约略如下:

一、《易》本只有卦画而无卦名;卦名之增添,由于卦画之难画而易讹,而且也难称谓,不能不另给它一个文字的名目;有了名目,说起来方便多了。正如其他古书一样,本来是没有篇章名目的,为便于称谓起见,就在篇首给它一个名目。这名目就等于我们编排图书目录的符号一样,甲乙丙丁、天地玄黄之类,在目录与图书的性质、类别、内容之间,没有必然的关系,没有意义的关联。即使是有关系,也是偶然的。古书中篇目与内容关系越少的可以说是越古;关联意义越多的越后。《诗》的篇目较早,《书》的篇目大概较后。《论语》《孟子》的篇目较早,《墨子》《荀子》的篇目就较后了。《周易》的卦名,一部分有意义的关联,因为卦的本身简单,几条卦、爻辞,有时集中在一个观念上,这样的卦,名与实是一致的,并不奇怪,例如上举师言师旅,履言行旅,颐言饮食,是。

二、但说卦名完全是后出,这话也未必很对。六十四卦,我想其中有一部分原来就有卦名的。例如乾、坤二卦,我看本来就有。因为乾坤代表天地,这观念一定很早。近人闻一多以为乾的本字为斡，北斗的别名。北斗在天象中为主要的星，天随斗转，北辰为众星所拱向，故以北斗代表天，其名为斡，斡即乾之本字，因卦、爻辞中有乾无斡，遂误作乾，或斡本来就作乾。乾古文象星形，故知乾之本字为斡。坤不言地，而以坤名卦，因为本来很早就以坤为地，其字形作巛形，川字也，而义为坤。六十四卦以八卦为主，八卦又以乾坤为主，乾坤卦名，大概一开始就有。六十四卦先有乾坤二名，其他是仿照它们来命名的，乾坤的本义为天地，乾之龙，是龙星；乾爻辞之龙，是一种星占，在卦、爻辞的类别上说，属于象占之辞（参见本书《周易筮辞续考》）。星占与其他象占同类，他与乾没有关联。乾九三"君子终日乾乾"，与乾（斡）义更远。可见乾、坤卦名与卦、爻辞无关。然"乾卦"爻辞凡五言龙，依理应以龙为卦名，不名为龙而名为乾的缘故，因为乾卦的原始就叫乾。乾、坤是八卦的系统，而不是六十四卦的系统。八卦创始在先，代表八种物象。由八卦而变为六十四卦，有六十四卦而后系辞，这个演进的过程，是有先后的。在八卦成立的时候，已经有乾、坤等名。卦画作三画，如文字之形；音则为乾（斡），而义则为天。至于父、君、金、玉等义是后来的假借，而健、圜、寒等，又为后来的引申。八卦之创始，大概是一种文字符号，有他的形音义，也有后来的假借义、引申义。因为乾音老早已有，所以六十四卦到了演成而又有卦、爻辞的时候，最早的八卦有了音义，其他也就仿照一下，统统定出个名目来。不过名目实在不易定的，八卦代表八种物象，容易定，六十四卦是否代表六十四种物象[参附注(8)]，就不清楚，就难稽考。至少从现在六十四卦的卦名来看，就显出有点杂乱，卦名与卦、爻辞的关系，有的有形的关联，有的有义的关系。

三、卦之命名，以卦、爻辞中常见之一字为主，取以为名。如屯、蒙、需、讼、师、比、履、否、谦、豫、随、蛊、临、观、贲、剥、复、颐、咸、恒、遯、晋、睽、蹇、解、损、益、夬、姤、萃、升、困、井、革、鼎、渐、丰、旅、涣、节等卦是。八卦亦归于这个系统。八卦先有，故不再提。但坎卦又作"习坎"，那是因为初爻"习坎，入于坎窞"的影响。卦名往往取卦辞之字或词为名的。

四、卦名有以复词为名的，以卦、爻辞中常见之二字为主，取以为名。如同人、无妄、明夷、家人、归妹等卦是。

五、以单词或复词为卦名，普通以卦辞或爻辞常见之字为主；若是卦、爻辞中常见之字，卦辞已先具，即以卦辞为名，不另立卦名。如履，卦、爻辞中全有，即以卦辞头一句"履虎尾"之履字为卦名，名不另立。否卦，否字爻辞四见，即以卦辞"否之匪人"之"否"为名，名不另立。此外如同人，如艮，都是此类。或者疑原文之卦名缺，以其连于他辞而不独立，于例不合。实则卦名之设，原为称谓方便起见，如果卦辞开端已经具备，一望而知，不必另标名目。卦名取其简便，一字不够，截取二字，不必用他的全句。六十四卦并不多，截取二字已经很够了，不必像《诗》三百篇要用到全句如"麟之趾""殷其雷""野有死麕""何彼秾矣"那么麻烦。因为不取全句，所以卦辞头一句的头一个字或两个字，与爻辞常见的字或复词同的，即用以为卦名，不再标出，否则变为重复。卦辞没有的，然后以爻辞为主而标卦名，或综合全卦而取其常见之字。

六、卦名除取外形的常见之字或词外，也有从内容方面去标名的。如大畜，似乎因为有"良马逐"、"童牛之牿"、"豮豕之牙"等有牲畜的关系，故取义为"畜"而以之命名。"大过"，似乎是因为"栋挠"、"栋隆"、"过涉"及"老夫得女妻"、"老妇得士夫"等有"大过"义,故以"大过"命名。"大畜"、"小畜"、"大过"、"小过",是因重复而加大小以分别之。"小畜",爻辞无畜字亦无畜之义,疑"小畜"二字是卦辞本有,或只有畜字,因为下文又有畜,于是加大小二字来做分别。小过之过,是因四条爻辞有过字,遂以过为名,而上文有取爻辞之义以命名的"大过",于是定名为"小过"。大过是太过的意思,大太同字,或先定太过之卦名,而下又有"过",为免混淆起见,故加小字于过卦之上。

七、爻辞没有常见之字,而爻辞之义也难以寻求通则,即以卦辞之词为名;或虽有常见之字,而卦亦相同,亦以卦辞为名。"大壮"、"大有",似乎是卦辞本来有的话,大壮有三爻用壮字,应名为壮,不名为壮,而名为"大壮",又非有大小之比较,故疑"大壮"卦辞本有"大壮"二字,即以卦辞为卦名。"大有"在爻辞既无常见之字或词,于爻辞求其相通之义亦不可得,即以卦辞为卦名。"中孚"亦同此例。"既济"、"未济"二卦,或有卦辞已有"既济""未济"的话,并不是取常见之词或绎取其义。

八、卦名之立,以形容词、动词为主,名词次之,副词又次之。这三种词是中国语法上基本的词品,乾、坤是名词;屯、蒙是形容词;需、讼是动词;师是名词;比是动词;小畜、大畜、小过、大过之大小是副词;既济、未济是副加动词。渐卦六爻,都有"鸿渐"的话,不叫做鸿渐,又不叫做鸿,而取名为"渐",或者这是古人着重动词的缘故。动词是文法上最主要的成分,古人或已见到这一点。噬嗑也是动词,爻辞有噬而无嗑,《说文》:"噬,啖也,喙也";"嗑,多言也"。疑许训嗑为多言,未是。嗑通饁,在《诗》有"饁彼南亩"(《七月》《甫田》),笺:"馌馈也。"馌馈是进食,嗑也是食,所以《杂卦传》说:"噬嗑,食也。"照爻辞看,"噬肤"、"噬腊肉"等,噬是咬东西食。噬字似偏重于咬啮，而食义似不明显，故编者遂增一嗑字，使它意义清晰吧。

以上把卦名的命名与意义，从历史上给它分析一下，看古人是怎样解释的，今人又是怎样解释的。这里没有把每一个卦名详细地研究，只从古今人的看法上比较其异同。我想这也就够了，不必烦琐地去说明。最后提出我个人的意见，也只是纲要式地提出，没有详细论列。

这篇文章，除了考释卦名外，我还着重于分析《易传》，也注意《易传》的著作年代的先后。这里只有《文言传》没有说，因为《文言传》是一种杂凑的文章，它所说的，与《彖》《象》《系辞》相同。没有特别的地方，可不必说它。我从前写过一篇《易传探源》，对于《十翼》的年代有所推断。这里于考释卦名之便，也说到《易传》的年代先后，与前作的意见大致相同。

《周易》学术讨论会在武汉召开[①]

萧汉明

《周易》学术讨论会于5月30日至6月5日在武汉召开。这次会议是一次以《周易》为结合点的多学科综合学术讨论会。会议研究了近年来新出土的有关《周易》的文物资料；探讨了《周易》的哲学思想、史学与文学地位，以及易学发展的源流；分析了《周易》与古代自然科学以及现代自然科学的关系。

关于《易》的起源，一直是学术界长期争论的问题。或主生殖

---

① 载《哲学研究》1984年第9期，系刘冰若抄录，第78—79页。

器崇拜说,或主龟兆说,或主方位说,或主竹棍蓍草象征说,等等,这些在文献不足的情况下进行的种种探索与推测,随着对出土"奇字"问题的解决都已为过时之论。会上有同志根据奇数为阳、偶数为阴的传统说法,以阴阳爻画取代数字,惊奇地发现这些"奇字"原来仅是易卦。这一研究受到与会代表的普遍重视,认为给予易卦起源的研究以直接的影响。

对于《周易》的哲学思想,与会同志除了对《易经》与《易传》的宇宙观与方法论进行深入的探讨外,还出现了一些新的研究动向。有同志从信息系统的角度研究《易经》的结构,认为它是一个古老的信息转换系统,它在理论结构上的特点是文字系统与符号系统的并存与互相渗透结合。《周易》理论结构的这种特色,不仅使思维内容能在符号系统与文字系统之间来回转换,实现认识发展所必须的各种循环往复,而且使它具有极大的包容性,有着可以驰骋想象发挥创造的广阔天地。各种自然科学和人文科学,都可以援《易》以为说,这一事实说明《周易》的理论结构有为科学资用的方法、原则、范畴框架、符号系统。在一定意义上可以说,《周易》以来的易学系统中,蕴含着一个具有中国特色的科学方法论体系。还有同志对影响《周易》哲学思想形成的其他学术流派作了分析,探讨了《周易》与早期阴阳家的关系。认为以《易经》乃至殷墟卜辞中,无对举的阴阳家,阴阳范畴的逐步形成,乃是早期阴阳家和其他哲学家的精神劳动成果。正是在这样一些哲学家劳动的基础上,《易传》的作者才有可能把"阴阳"作为中心范畴,把自然运动和社会运动结合起来考察,从而对《易经》原有构架的基石"—""- -"二爻给以新的哲学规定。

还有同志将《周易》与《老子》哲学进行比较研究,认为老子的柔静学说对于中国文化有深远的影响;但是,在中国文化的发展中发挥主要作用的还是《易传》的刚健学说。《易传》所宣扬的"自强不息"的精神激励着许多思想家、科学家、艺术家进行新的探索。

易学与自然科学的关系,近年来引起中外学者的重视。许多专家学者作了开拓性的研究,这些成果在会上得到了一定的反映。与会同志认为,《周易》体现了哲学与自然科学的天然联盟,它在中国科技史上的地位应当予以充分肯定。至于《周易》与现代自然科学的关系,也取得了一些探索性的成果。

千古疑迷[①]

谈祥柏

不少权威人士把《易经》看成是中国思想和文化的精英。这本书的特点是书内有一组64个"六线图形",它是由阴阳符号组成的,用来进行占卜,故称为六十四卦。

从六十四卦上看,每个卦都有一个奇怪的名称,并附有对应的图像,很像数学书里的定义。六十四卦的排列情况如下图。

乾	坤	屯	蒙	需	讼	师	比
小畜	履	泰	否	同人	大有	谦	豫
随	蛊	临	观	噬嗑	贲	剥	复

[①] 载《自然科学画报》1986年第3期。

续表

无妄	大畜	颐	大过	坎	离	咸	恒
遁	大壮	晋	明夷	家人	睽	蹇	解
损	益	夬	姤	萃	升	困	井
革	鼎	震	艮	渐	归妹	丰	旅
巽	兑	涣	节	中孚	小过	既济	未济

为什么要这样排列？这是个极难回答的问题。在一本名为《序卦传》的古书里，曾对这个问题进行了一番解释。他的解释是"有天地，然后万物生焉（天地指乾坤）。盈天地之间者唯万物，故受之以屯……"，全篇文章长得很，最后一句是"物不可穷也，故受之以未济终焉"。综观全文，讲得很玄虚，令人莫名其妙，所以历代的学者，对之很不满意。近代学者章太炎先生企图用初民社会的进化来说明六十四卦的排列次序，也不能自圆其说，特别是从屯卦到同人卦，就无法解释了。

但是我国古代仍然还是有明察秋毫之士的，隋朝的孔颖达就是其中最为杰出的一位。他在《周易正义序卦疏语》中说得好："今验六十四卦，二二相耦，非覆即变。覆者，表里视之，遂成双卦，屯、蒙、需、讼、师、比之类是也。变者，反覆唯成一卦，则变以对立，乾、坤、坎、离、大过、颐、中孚、小过之类是也。"

孔颖达的这段话非常精妙，初步揭出了六十四卦排列规律。下面，我们用通俗的话来加以解释。原来六十四卦可分为三十二对，每对两卦。后一卦可以由前一卦唯一地确定下来，用数学上的术语来说,就是"一一映射",映射规律只有两种:覆(颠倒)与变(求补)。前者有28对,而后者只有4对(孔颖达已把这四对全部列举出来了)。如果前一卦的卦象不是上下对称的,则我们把它颠倒过来,就是后一卦的卦象了。例如,"需卦☷"颠倒一下,就是"讼卦☷"。但是对于象"乾卦☰"那样的卦,由于它的卦象完全上下对称,即使将它颠倒过来,还是它自己,根本没有改变,这就需要用"求补"的办法来解决,即把阳变成阴、阴变成阳。根据这个道理,"乾卦"的后一卦就是"坤卦☷"了。当然这仅是孔颖达的理解。不过,这六十四卦都是符合上面规律的。由此可见,孔颖达的见解是非常精辟的。

一千多年过去了,迄今人们对六十四卦的研究(指其排列顺序的数学规律),仍然未能超出这一水平,这可能是由于以往的文史哲研究者对数学一点不感兴趣,而数学工作者对于《易经》是个门外汉所造成的。

近年来,国外学者对于六十四卦的排列顺序问题产生了强烈的兴趣。马丁·加德纳就是其中一个。他们一再声称,对于这个问题如有任何线索,希望能及时通报。

正如已故的华罗庚先生所提出的:"数学是中国人民最擅长的科学。"中国人的数学才能历来为世界各国人士钦佩不已。我们相信,只要大家齐心协力,开动脑筋,一定能够揭破这个千古疑迷。

丙 集

《易象释例》前言
《易象释例》序
  ◎ 附录
    易象前言(李灿如)
    先父李灿如生平事略(李以质 李以文 李以巨)
    致刘冰若(李灿如)
    致冰若老伯曼青伯母(李以质)
    致刘冰若(邓子琴)
    复李以质李以文(哲学社会科学部世界宗教研究所)
    《易象》审稿鉴定(高瑛良)
    李灿如《易象》序(高瑛良)
    古韵三十五部表、古韵图跋(刘又辛)

《易象释例》前言[1]

《易象》初稿印行于四十年代乙酉冬,卷首有简短的前言。我所见的丁亥印行本与前书略有不同,现在重印的即乙酉原本。原书三十余图,现在我仅抽取数图作解释,以示例,所以题为《易象释例》。这是初步尝试,未必对原书有所发挥或符合《易经》的义理,只不过抒写本人读《易象》的体会,以示一得之愚。

《易象》应为《易象图》。《左传》所记韩宣子聘鲁"见《易象》与《鲁春秋》",此易象当即古易经,未必是易图式或附图的易经。古《易经》是无图的。汉末王弼注《易经》尚无图,西汉京房所著的《易传》也无图。东汉出现的《易纬稽览图》所附的几个图尚不成局式,所以说易图都是后代儒者所为,是他们研究《易经》的方法,意在以图解经,发挥经义。但有些学者所作图却与经义无关,因为他们迷惘于图式变化之奇,为作图而作图,遂陷于符号游戏而不自觉。

《易经》之有图首先应该是六十四卦图,但宋代易学家陈抟、邵雍作了《八卦方位图》和《六十四卦方圆图》等。宗此学派的人遂说《六十四卦图》出于《方位图》,这是一曲之见。

六十四卦图的由来与《易经》的卦序有关,从周、秦以来《易经》的编次可能不是一种本子,其经文相同而六十四卦的编排次序即所谓卦序……从汉以来流传的读本是王弼注本,王弼之学本于西汉费直,可能是费氏易学的通行本;孟喜、京房一派可能另有一种本子,从《京氏易传》中可以推测;现代出土的帛书《周易》[2]经文的次序与王弼本的次序完全不同,由此可证古代可能还有其他编次不同的读本。

---

[1] 整理者注:此文系据手稿整理,原题为"前言",但收入巴县政协文史资料委员会编印《易象》一书时,则改为"后记",并署有"刘冰若识1986年3月"。
[2] 刘冰若原注:1973年在长沙马王堆汉墓中掘出。

《易象·前言》明示了其书的宗旨，它说："本书欲以图象表明《易》之衍进，不著一字，视而可解，用符易简之旨。"其实李氏书是很费解的，兹以管见所及，探索全书纲领旨趣为此《前言》及《释例》诸篇，以就正于高明。

李氏书分四部，第一为《卦之部》，二、三为《易之部》，其意是未有《易经》之前已先有卦，李氏是尊重先儒传统思想的，他们认为八卦和六十四卦是上古帝王伏羲所作，那时尚无《易经》，李氏因作《消息卦图》，以示此义。他引述《易纬乾凿度》说："伏羲立十言之教曰：乾、坤、震、巽、坎、离、艮、兑消息。"李氏据此"消息"二字名其图为消息卦图，而作图的方法是取《京房八宫卦次图》的方法略加改变，这是权宜之计。未有《易经》之前先有八卦和六十四卦，其用途不可知，有些学者说它是文字符号之类，用之卜筮是用途之一。卜筮的目的是预测吉凶，所以李氏作《诸卦吉凶图》，标出"吉凶"一词。他作图的方法是用邵雍先天八卦为纲领，虽未作纵横八列的方图而实际数目是六十四卦，也可作成方图。李氏意在显示用卦测吉凶是在《易经》之前，所以此图列于《卦之部》，不列于《易之部》。

易之部诸图是以三易图（《连山》《归藏》《周易》）为纲领，有经卦、别卦、命数诸图。我为他作的注释，着重于解别卦图，详见本文，因不在此费词。笔者的意见，李氏诸图的特点在于以创新的精神用卦变法作图，意不在考古，所以我也着重发挥他在卦变方面的成就，而不争议其他瑕瑜长短。

李氏书作了几种八卦方位图，都是他的创新。其中只有《八卦生成方位图》标明"方位"二字，其余《连山经卦图》《连山命数图》《归藏经卦图》《归藏命数图》《周易经卦图》《周易命数图》，这六个图都是列了方位的，均有方位图的意义。

《循环图》"循环"一词是李氏所创。焦循《易图略》述汉儒卦变法，其中有"上下相加"一法，即上爻移在初爻之下，或初爻移在上爻之上。但每一卦用此法可变六卦，是循环形式。李氏改称"循环法"。上下相加的卦变法实本于《易传》，经文损、益两卦的《象辞》都含有此义，益卦《象》说："益，损上益下，民说无疆，自上下下，其道大光。"损卦《象》说："损，损下益上，其道上行。"此两段《象辞》，讲卦变的学者将损卦的初爻移于上爻之上，则损卦成益，将益卦的上爻移于初爻之下，则益卦成损。这是用卦变法将损、益两卦互变，是言之成理的。从义理上解释此两段《象辞》，则道理不同，解经的注家多是从义理上立说。李氏《循环图》是示意图，未列成纵横八列的图式，实际是可作纵横图的。用循环法作图可成多种图式，作别卦①或齐同卦都是适用的。

《易之部》二和附录都有卦气图，所谓《前后师卦气图》未说明由来，如果说《后师卦气图》为李氏所创，则《前师卦气图》应为古人所作，其附录诸图有《汉人卦气图》二种，其一为《孟喜古图》，其他为李氏自作。《汉书·京房传》称京房用"六日七分法"，测算灾异多验。后汉出现的《易纬稽览图》中的卦气学说或出于京房的先师孟喜，但"六日七分法"是不完具的。谈卦气不能离"六日七分法"。李氏书所谓《卦气诸图》都未牵涉"六日七分法"而配上五行，这是他作图的要点。汉以后将"六日七分法"纳入历数，从六朝到金、元若干朝代都是如此，唐代僧一行作《大衍历》用此法，更为详备。除少数历数家外，则很少人通晓"六日七分法"了。清代易学名家如惠栋、焦循都有所论列。惠栋所著《易汉学》作了几个图，发挥"六日七分法"。焦循《易图略》有论"六日七分法"一文，则是指责疵谬。现在读他们的书也不能了解和运用"六日七分法"的。

李氏书的特点之一是用卦变法作图而有所创新。卦变法有多种，而常用的是"之卦"。"之卦"在各种卦变法中居于主要地位，"之"的意

---

① 刘冰若原注：即六十四卦。

思是往。"之卦"是将阴阳爻互变爻位而使卦变的方法。从本卦交换爻位而成另一卦，这是升降法。以本卦与他卦交换爻位而成另两卦，这是旁通法。古人将此两法都称"之卦"。此外还有其他"之卦"法，今不及详。惠栋《易例》即《周易述》屯卦注说："之卦之说，本诸《彖传》。详见于荀氏、虞氏、姚信、范长生、卢氏等注，而虞氏尤备。"①

《彖辞》有"之卦"意义的条文颇多，如讼卦《彖辞》"刚来而得中"、随卦《彖辞》"刚来而下柔"、无妄《彖辞》"刚自外来而主于内"，以上三例说了"刚来"或"刚自外来"②。损卦《彖辞》"损上益下""损刚益柔"，益卦《彖辞》"损上益下""自上下下"，此二例即上下相加的"之卦"法。

涣卦《彖辞》"刚来而不穷，柔得位乎外而上同"，节卦《彖辞》"刚柔分而刚得中"，以上二例说明了爻须得位并得中。仅举以上几例便可看出几种卦变法，由此可见卦变法在《周易·十翼》中已明白提出。《左传》《国语》与《易传》所谈"之卦"方法和含意基本相同。

《左传》《国语》与《易传》都是实际运用"之卦"法，或用于占筮，或用于解经，却无作图的必要，也未作图。后代学者则以卦变法组成图式，以显示某些卦与某些卦可以联系组合。这便是易图的起源。例如《八宫卦图》"是京房的方法，但《京氏易传》却无此图。《京氏易传》大部分亡佚，只存三卷。由现在残存的文字中，尚可看出后人所作"八宫卦图"是用《京氏易传》的方法组合的。《易纬稽览图》《周易参同契》都有图，宋邵雍《观物外篇》作图甚多，明末易学家来知德所作《易经注》附图两卷，图式尤多。清焦循《易图略》所载图，从名称看只五个图，从内容看却是数百个小图。因他不作六十四卦全图，只从意义上分为五种图。焦循是继虞翻之后专谈卦变的，方法也是最细密。先秦及两汉经师所有卦变法，他都用到了，而且更规律化。不过他与邵雍、来知德所

---

① 刘冰若原注：今按蔡景君、伏曼容、蜀才等也常谈之卦。
② 刘冰若原注：汉儒卦变法用"往来"二字，其义是由内卦到外卦为往，由外卦到内卦为来。

作图的意义不同，不能相提并论。李灿如本来也习焦氏易学，但他这本《易象》图，全未用焦氏法，却更接近邵氏图、来氏图的旨趣。从明末到清末，来氏易注在民间甚流行，由清代有多种刻本可知。笔者同通易学的师友评论李氏《易象》，多认为李氏图比来氏图精简而有条理。

上面已说卦变法有多种，但究竟有几种，却无定说，常用的是旁通、升降、倒覆、循环、错卦等，有的变法不在此五种内却无名称，如《八宫卦次图》的变法和李氏书所用诸法都无名称，笔者为了行文叙述之便称为卦变八法，即旁通、升降、倒覆、循环、交替、易位、两象、杂法等，此八法适宜于作各式各样的六十四卦图。焦循《易图略》中的比例卦图揭示了作齐同卦的方法，其法略为七种[①]，七种法实际是三种法的综合运用，三种基本法即错卦、旁通、升降。综合运用为再旁通[②]、再升降、先旁通后升降、先升降后旁通，合并看来是七种。此七法中除错卦、旁通、升降三法外，其余四法都只适用于作齐同卦，不适用于作别卦图。

李氏书的"《周易》别卦图"用了倒覆法和上下易位法，所谓上下易位即是内卦与外卦易位成另一卦，如小畜卦为姤卦的上下易位，复卦为豫卦的上下易位。六十四卦除八纯卦外，其余五十六卦为二十八卦的上下易位，这与二十八个倒覆卦成五十六卦相同。李氏书的《消息卦图》和《连山别卦图》都是用的交替变法。前图是用的《京房八宫卦》的变法，例如：乾变初爻成姤，姤变二爻成遯，遯变三爻成否。遯是姤所变，不是乾所变，否是遯所变，而不是姤或乾所变，连续变下去共八卦，统称乾宫卦，但却是交替变化所成。后图虽同称交替变，但变的方式不同。连山图的第一行，艮变上爻成谦，谦变初爻成明夷，明夷变上爻成贲，是交替的形式。除此两种形式外，还有第三种形式，如乾变初

---

① 刘冰若原注：原书无名称。
② 刘冰若原注：即二卦旁通两次。

爻成姤，姤变五爻成鼎，鼎变三爻成未济，未济变四爻成蒙，蒙变二爻成剥，剥变四爻成晋，晋变内卦成大有，用这种方法也可组成六十四别卦。

焦循《易学三书》常用的卦变法是旁通法，他所谓旁通不是对位旁通，如：同人、师是乾、坤旁通二爻，焦循书称这种卦变为"通"，却省掉了"旁"字。他将乾二之坤五成同人，比为旁通，这是汉儒虞翻所用古法。为了与对位、旁通区别，笔者称为交错旁通。李氏书未用交错旁通法变卦，也未用错卦。焦循《易图略》有《错卦图》，错卦本是卦变常用之法，因许多易学家将反对卦称为错卦，倒覆卦称为综卦。通常所用的错卦实际是两卦的左右易位，如乾坤内卦左右易位成否泰，姤复内卦左右易位成无妄、升。笔者因将这种变法称为易位法。

李氏书所作图只适用于某些卦变法，其他则不需用，他用的方法不周遍并不是他的缺点。上面所说的多种卦变法只是说明古法并不只此而已。

李氏书倾向于象数而不泛滥。象数为《周易》主要内容之一，但象数的发展从西汉以来即趋于泛滥。《四库全书总目提要》说："《左传》所记诸占，盖犹太卜之遗法；汉儒言象数，去古未远也；一变而为京焦，入于禨祥；再变而为陈邵，务穷造化，易遂不切于民用。"①《四库提要》所谓古象数法切于民用，不过指的切于占卜之用，而非其他人事之用。其实《周易》用卦爻的原始意义，用卦所以取象，用数所以记爻位。卦的另一作用是占卜，占卜须用策，于是有策数，阳爻三十六策，阴爻二十四策，便将数复杂化了。《稽览图》又用了轨数，其数就更多了。全祖望《读易别录》所述，象数泛滥所至，遍及了一切术数，则已远离《周易》象数的原旨了。李氏书几个《命数图》涉及的数与《周易》后世的术数有关。

卦所以取象，则《周易》不能不用卦，但现代有些学者读《易经》的

---

① 刘冰若原注：见《四库全书总目提要·经部一·易部一》。

经义，往往是单就文字谈说而丢掉了卦爻。著名学者李镜池、高亨都曾说，《易经》卦爻是编码的作用。但高氏所著书《周易大传今注》也谈到了卦爻的刚柔，并附专篇文章论卦。其《周易杂论》也有专篇，论《左传》《国语》所述"之卦"。可见高氏并不全部否定易卦。1984年在武汉召开的"《周易》学术会议"曾将《易经》的内容分为文字系统和符号系统（即卦爻）来研究，这是有远见的。李氏自著的《易象·前言》揭示了他作图是为了研究易学的衍进和时代思想的发展等。愚按近年出版的报章杂志发表了几篇宣扬易卦的文章，也曾叙述德国科学家莱布尼兹发明乘法计算机是受到《周易》卦的启示而成功的故事。另一故事是，1940年中国留学生刘子华向巴黎大学送交他的博士论文《八卦宇宙论和现代天文》，提出用八卦和天文参数计算出第十颗行星，后来得到科学界的证实。这类故事说明了近代研究易卦的科学倾向是可喜的发展。笔者认为行远必自迩，研究《易经》和易卦须首先弄清古文献，了解它的原始意义和研究者形成的学派发展，循序渐进地前进。研究易卦不能忽视卦变规律，应将它作为重点来研究。这也是我研究李氏《易象》的动机和信念。

《易象释例》序

四十年代乙酉岁，李灿如先生将所著的《易象》印行问世，以若干册分赠知好及各地图书馆，我也承赠一册，并蒙指示要点。因性疏懒，稍究其义，未之深学也。《易象》付印前，灿如持原稿请熊十力先生题签意见，熊先生誉为不朽之作，但称和他的学术路线不同，所以不加臧否。熊先生所著《读经示要》，其论《易》曾盛赞焦里堂易学，称为象数学大师，但结论颇亦不满之意，因熊先生重义理而轻象数。而洪兰友见灿如之书，则称为圣贤之流亚。

《易象》问世迄今四十年，已不为世人所知，李氏家属亦无藏本。因灿如遭遇不幸，年未六十沉冤病逝，昭雪平反，墓木已拱。七十年代后期，灿如哲嗣以质、以文等四处寻访乃翁遗著，尤重《易象》，均无所获，最后在舍间寻得《易象》及《古韵三十五部表》。其后数年在邓子琴教授家获得诗稿及《易象》各一册，其《易象》与余所藏本略有不同。此次所印为邓氏藏本。

李氏所著《音韵表》，经西南师范学院教授刘又辛为跋语数百言，已随书付印。《易象》意旨颇费解，李氏亲属曾与余共同探讨，因此写成《易象释例》一文附《易象》之后，以就正于高明。

刘冰若序于璧山县城困知斋
1984年3月

附：《易象释例》序（残稿）

四十年代丁亥岁，李灿如先生将所著《易象》印行问世，分赠知好及各地图书馆。我也承赠一册，并蒙指示要点。因性疏懒，少就其义，未之深学也。《易象》印行时，灿如曾持书请熊十力先生签题意见。熊先生誉为不朽之作，但称和他的学术路线不同，所以不加臧否。因熊先生着重义理之学，他虽通象数，但不墨守。洪兰友却不惜过誉，称为易圣(此语灿如告我)。朋辈中得《易象》者不少,或不免束之高阁。

　　《易象》问世迄今四十年,已不为世人所知。李氏家属亦无藏本。因灿如遭遇不幸,年未六十沉冤病逝,家藏图书及所有著作散佚无存。七十年代后期,灿如哲嗣以质、以文等四处寻访乃翁遗著,尤重《易象》。最后在舍间寻得,实为仅存孤本。……以质等嘱为探讨并作解释。灿如家属及孙辈多受过高等教育,都想知其先人遗著《易象》大义为何。1980年,我曾在重庆杨家坪以质家中为其亲属几人略谈大意,却不得要领,因再作笔谈,抄付灿如亲属及愿读《易象》之友朋以作参考。

◎附　录

《易象》前言[1]

李灿如

李灿如先生沉潜易学十余年，近著《易象》一书，凡四卷三十四纸，旁行邪上全用图表构成，说明字极少。盖奇作也。兹摘录其书序于此以当介绍——编者

《左传·昭公二年》春，晋侯使韩宣子来聘，且告为正文，而来见，礼也。[2]观书于太史氏，见《易象》与《鲁春秋》，曰："'周礼尽在鲁矣。'"本书以《易象》立名，即本于此。

王应麟曰："《夏时》《坤乾》，何以见夏、殷之礼？《易象》与《春秋》，何以见周礼？此三代损益大纲领也，学者宜切磋究之。"（见《困学纪闻》五《礼记》卷）此因前贤发题，引起研究之动机。

《易》之经上下及传，"十翼"疑谊甚多，本象欲以图象表明《易》谊，不著一字，察而见意，然终以立说新创，难云绅绎经传，若不加注释终不能解，故仍随图注释，如有疑问，可通函质疑，当为解答，本书不能细注也。

本书分为四部分：

1. 卦之部，古人用之卜筮者。

2. 易之部一，古人用之政治者，兼明人事。

---

[1] 原载中国文化社编《中国文化》第二期，1946年6月15日出版，发行人钟芳铭，第55—57页。

[2] 为编辑补充。

3.易之部二,古人用之历数者,兼明天道。

4.附录,经传铨谊,及古之教育制度有关者。

本书紬绎前圣之意谊:

1.天一生水必是坎等,见八卦生成数图。

2.游魂当是复初爻,如乾之游魂为颐,非晋,归魂当复二、三、四爻,乃互卦之所本,见消息图。

3.诸卦吉凶,惟艮为例外,以二、三、四得位为吉。艮者更也,《周易》用韵,耕、清、真、文不分,顾炎武已明言之。

4.《连山》经卦、别卦皆首艮,与古说合。

5.《归藏》经卦、别卦皆首坤,与古说合。

6.《周易》别卦,用伏羲生成数,自图左至右乾9坤8震7巽6合于"知来者逆",自图右至左坎1离2艮3兑4合于"数往者顺",结句"是故易逆数也",乃确定全经次叙,以乾、坤为首,故一切典籍书法皆从之,不然世界文字多从左行,何以我国独异,此"老复丁"之愢。

7.循环图据《虞氏易》大畜、无妄、坎、益等卦,当是古人遗说。

8.前师卦气图,以临卦辞"至于八月有凶",《论语·尧曰》篇:"四海困穷,天禄永终"证之。

9.后师卦气图,以《易纬稽览图》中之《卦气图》,乃据孟喜卦气图,取末三卦加中孚,前不知其卦为晋、渐、临,其证一。又孟喜卦起中孚,子为历元,寅为岁首,古人或各别为图,孟喜或窃见师图,不知中孚为寅月,又不知卦气排列自下而上,遂坚执卦起中孚,致成其误,其证二。孟子曰:孔子之所谓集大成也,金声而玉振之也,金声也者,始条理也,玉振之也者,终条理也。条理即爻效,乾为金为玉,金声当指前师卦气图,玉振则移睽(阴夬以乾为素,渐不在阴夬),临、履、小畜、大有、夬、睽于阳夬也,玉坚易折,故曰：金声而玉振之也，其证三。《左传》四凶，浑敦、穷奇、梼杌、饕餮，即中孚、大过、小过、颐四卦之象，古人习见易图，故举以示戒，其证四。物候初见《夏小正》，后佚，《周书》《吕览》《淮南子》皆有之，此古人藉物候以考历法者，其证五。孔子恐此图日久失传，又为《系辞》"九卦"以资参考，其证六。

10.积善图以夬、大过、姤为叙，与《连山图》合，足证虞氏列为辟卦之非，又以乾、坤、既济、未济入卦气图，亦非。

11.《洪范》五纪，岁日月星辰，历数，后师卦气图，各列数马已寓日月星辰，全图则岁与历数也，则《尧典》"历象日月星辰"亦合，见后师卦气图。连山数马表列之附录。

12.古者蒙养豫教，六年教之数与方名，八年学六甲五方书计之事，九年教之数日，必有简易之法，故以六甲列入卦气图格式，以示其例，见卦气六甲相配图，列之附录。

13.上系七爻下系十三，盖取九卦十一爻，阐卦气图者三，阐文王易者一，列之附录。

14.孔子理想在平天下，即大同世界，今易图推出二图，一联合国家，二八方和平，列之附录。

蒙之治《易》，清儒服膺焦循，颇得易简之效，惟虞氏以旁通说《彖》《象》显与经违。"虞氏释贞以之正，违失经义"，皆见王引之《经义述闻》。而焦氏之说，如《易章句》不能免，是亦不从也。通全易之义，不妨取旁通及贞以之正。论本卦本爻之辞，又当辨其得失进退，不可以一概量也。余杭章先生著《经学略说》，于《易》之批判极为正确。初学可以参考。野人献暴，此物此志，博雅君子，幸勿哂焉。

民国卅四年乙酉农历十月杪李灿如书于璧山健龙乡条理学社。

先父李灿如生平事略[1]

李以质　李以文　李以巨

先父李灿如，号太庸，1893年出生于重庆，祖籍大足，后移籍巴县。生三子二女：长子以群、次子以特，均不幸早逝；长为以质、次为以文和三子以巨，现尚健在。质、文都年逾古稀，以巨才三十许人。

先父生而聪颖，博闻强记，勤奋好学，过目不忘。七岁开始入私塾，读《说文》《尔雅》《大学》《中庸》《论语》《孟子》等书，十一岁开始读《易》《书》《诗》《礼》《春秋》五经，其中尤钻研《易经》一部，富有心得，旁及音韵学、小学及若干古典小说，如《三国志》《列国》《红楼梦》《水浒》《西游记》等，阅后并能口述大意，讲给老母和邻居听闻。时晚清已废科举、兴学校，十七岁毕业于重庆染织学校，在白市驿和江津一带开办小型织袜工厂，历时十余年。其中曾以一年时间，刻苦自学，读完中学数理化全部课程，其自学钻研精神，于此可见一斑。二十四岁以后，曾和亲戚合伙贩运麻布去上海出售，以资糊口，历时六载。在沪经商期间，先后结识郭沫若、邹韬奋、熊十力、吴鹿萍、吴振虞等知名学者人士；其后在江津、重庆、成都、璧山等地，又结识了吴芳吉、冉琴舫、朱敬之、刘詠怀、向仙樵、蒙文通、张寮安、刘冰若、邓子琴、傅世玛、覃正中、欧阳竟无、方鹤斋、盛迁斋等文化界、教育界知名人士，倾谈叩教，耳濡目

---

[1] 整理者注：原稿文末有"章宗祐代笔，匆匆初稿，希刘老（冰若）补充修正"一语。

染,从而在学术研究上、思想认识上,深深受到他们的启发和教益,进步很大!正在这个时期,同时又受到"五四"运动及《新青年》、《生活》周刊等进步刊物的影响,政治思想又前进了一大步,终于找到了救国救民的道路。这时,先父特别崇拜鲁迅这位伟大的革命文学家,设法借阅精读《鲁迅全集》,并曾将《阿Q正传》批注解释,在江津石印成单行本,分送亲友。尝于《示以质谕》中有"'横眉冷对千夫指,俯首甘为孺子牛'此亦并世知己也"之句,可见其时对鲁迅崇敬之深也。

1928年至1931年间,先父因与亲戚合伙经营美孚行煤油生意亏折,家境清寒,曾一度违悖耻为军阀服务的初衷,接受吴芳吉先生以韩诗"家贫亲老不择官而仕"之意,应邀前往涪陵,就任国民革命军第二十一军某师廖海涛部军需工作三四年,始终兢兢业业,清正廉明,不取分毫非分之财,博得时人称颂。

先父中年精神上受刺激最深者,莫过于1936年仲春遭受到的丧子之痛!缘先弟以群(亦字邦相)自幼聪颖好学,以优异成绩毕业于重庆求精中学后,1931年秋考取蜚声东南的江苏省立扬州中学高中普通科读书,品学兼优,冠绝侪辈。先父素望子成龙,正喜书香有继,报国有子。不料1934年夏高中毕业会考前夕,因日夜读书过劳,突患肺结核咯血症,未能参加毕业考试,为山九仞,功亏一篑!先父闻讯遄往扬州,携回四川治疗,终以回籍治疗失当,屡易大夫,乱投药石,不幸于1936年仲春赍志以殁。先父遭此巨变,痛彻西河!其在记哀联中曾云:"抱恨竟如王介甫;同心不见范纯仁。""其为学则溶中铸外,其应世则爱众亲仁,解释中山苦心,不枉阿爷呼小友;所作文如流水行云,所赋诗如奔涛激浪,能传白屋星火,难再平山发浩歌!"甚矣!先父当时之悲痛欲绝、心肝俱裂也！精神上遭此打击，逐渐消极，旋去清神山从邱希运大师，研究佛学，以自排解。

抗日战争期间，先父因避日机轰炸，由江津迁居璧山县健龙乡松林坡居住。在此期间，除先后在江津张茂芹、重庆周宗琼两家充任私塾老师外，大部分时间从事于政治和专业学术方面的研究。其时，日寇入侵，国民党腐败无能，民族危亡，岌岌不可终日。先父这时潜心研究马列主义、毛泽东思想，读了不少马列经典和毛主席著作，找到了抗日救国、复兴民族的道路和真理。他常在公共茶肆高谈阔论，驳斥投降主和思想，竭力主张抗日救亡；愤怒揭露旧社会黑暗，痛骂蒋介石国民党消极抗日、积极反共，贪污腐败无能，必垮无疑！衷心向往共产党，长期订阅《新华日报》，坚信只有共产党能够救中国。他当时尝说："没有共产党领导抗日救亡，我们都要当亡国奴了。"由于思想进步，言论激烈，被人目为共产党，一度被特务盯梢监视。先父得知后坦然地说："我是共产党的同路人。""中国的天空快要亮了。"其无私无畏、爱国爱民的伟大情操，素为广大知交亲友所一致推崇敬仰。

先父自幼聪颖好学，博览群书，举凡经史子集、百家著述，无不涉猎钻研，且能运会于中，过目不忘。尤孜孜于古典文学、哲学、文字学、音韵学、佛学诸门。在这个时期中，特别致力于《周易》和音韵学的深入钻研，造诣体会极深，富有心得。他认为《易经》是人们思想发展的渊源，也是切合人事的客观规律，巧妙地用八卦卦爻，运用数学上"排列与组合"定律，叠合成几种六十四卦的卦表，定名曰《易象》。他说二千年来难于讲解的《易经》，都可以从爻象上获得解释。他又说："时人对《易经》只知与矛盾统一律相通，不知其与质量互变律、否定之否定律亦相通。""推而广之,佛学、国学、社会科学三者都相通,可以合而为一,毫不相悖。"这一成就,在研究《易经》卦爻领域中,既纠正了前人(指朱子)错误之处,也发前人之所未发,具有启发性、科学化的特点。确实是一种富有改革精神的、开拓创新型的突出创造,是近代哲学、社会科学、周易研究各种领域中具有独到见解的不朽著作。可惜,这一不朽著作,在先父生前未能作详细解说,已作成部分遭抄家散失。目前所存《易象》图表,正由父执耆宿刘冰若老先生详加阐述,名曰《易象释例》。将来脱稿之后,深望能获得出版部门的合作,付梓问世,以飨国人,则幸甚矣。

在这一时期中,先父在治经之暇,又兼研音韵学,其所著述多遭毁散,音韵学方面之著作,仅存《古韵三十五部表》《古韵图二图表》,合称声韵表而已。其所制上古音韵图表,盖以黄季刚之二十八部为基础,以《广韵》韵部为眉目,用法人巴西之语音学理论,构拟上古韵部之音位,初拟定为三十五部,嗣又合并为三十部,其改易之理,均历历可见。先父僻处乡曲,独立钻研,而能步武时代,居此学之前列,深得知音学者之推崇敬仰。

先父一生喜爱古典文学,历代名人诗词曲赋,涉猎甚广,生前经历名山大川,逢遇人事推移,每发为诗、填为词以自遣,惟历经沧桑,散佚殆尽,今所存者,惟无锡华德民先生仅存的数十首而已,略加整理,名曰《太庸诗词存》,将复印以赠知音友好。

先父一生以教育青少年,培养人才为业,历任家乡各处私塾老师。1946—1947年间执教于璧山青木关中学,1948—1950年间执教于璧山中学,师道学术,誉满乡梓。

先父为人刚直爽朗,心胸开阔,光明正大,嫉恶如仇,不畏豪强权势,鄙视腐朽阶层,极富斗争性和进步性。同时,心地又是十分善良的,一贯待人宽厚,律己严明,甘守贫困,与人无争,而且一贯同情贫苦,以助人为乐,虽值自己家境清寒,生意亏折,仍然罄其所有以助人。如某年姨婆家困窘,正值先父生意折本,仍将一根金表链相赠,以济燃眉之急,还不让祖母和母亲知道。他说:"如果定要自己十分宽裕时,才帮助别人,则一生将无助人之时矣。"此外,如友人王伯勤、罗维高、赖辟卿等,在困难时期,都曾先后受过父亲的实际帮助,从不希望别人报答他的。他甘守贫困,耻为国民党服务,不谋官、不求名、不取财,解放前一家九口,全靠先父教书俸入和祖遗薄产维持最低生活,一度家庭生活十分清苦,却说:"我只要有饭果腹,有一点盐巴和海椒佐餐就够了。"友人邓子琴教授曾推荐他去湖北恩施师范学院教书,却以照拂一家安贫生活,终未果行。他说:"这些年日子虽然清苦,但我得有时间,致力学问,诚为人生至乐之事。倘若有繁忙的应酬,就不易有学术上的收获了,惟求心之所安而已。你们认为我辛苦,我的心中却很坦然呵。"其坦荡安贫宽阔的胸怀,有如此者。

解放后,1951年健龙乡土改时,在农村疾风暴雨式的扩大化阶级斗争中,先父不幸被强加了若干莫须有的罪名,未经调查核实,竟被判处徒刑十年,服刑期间,染疾和摔伤,未获治疗,竟于当年六月(1951年6月)不幸含冤惨死于津璧公路劳改队,时年五十八岁,天乎痛哉!

……

我们子女亲人,至咸好友,满怀悲愤,抱恨终天,度过了三十多个春秋。天救祖国,打倒"四人帮",结束了十年浩劫,邓小平同志主持党的十一届三中全会以后,拨乱反正,着手平反建国后的一切冤假错案。1979年在江苏章宗祐世兄的鼓舞支持下,我们子女向璧山县人民法院正式提出申诉,请求复查核实,落实政策,平反昭雪。后历时四年,几经催诉,终于在1983年3月初接奉璧山县法院改判判决书:

(1)撤销1951年原判;

(2)宣告李灿如无罪。

从此,先父三十二年沉冤,获得平反昭雪。我们子女亲人、至戚好友,一致感谢党、感谢政府,执行了实事求是、有错必纠的正确方针,恢复了先父历史的本来面目。这是深得人心的不朽义举。我们将永远不能忘怀的!可惜,我们敬爱的父亲,已经惨死三十二年,永远不能回到人间了!

敬爱的父亲,伟大的父亲,您的冤案已经平反昭雪,国家正在中兴,民族正在腾飞,您的生前愿望,一一都已实现,或正在实现,您也可以瞑目了,安息吧,父亲!

1986.5.27.

致刘冰若

李灿如

《易象》增订本,竟无力付印,此中奥蕴不能昭皙,往日用心为唐捐耳。李石岑、吕振羽能知易理与辩证法通,但他们只解得其有合矛盾同一律者,而不知质量互变律、否定之否定律,易理皆以相通。今略述如次:

一、矛盾同一律

乾☰、坤☷。乾六爻皆阳,坤六爻皆阴,可谓矛盾之极矣,如并列之,以阳丽阴,以阴丽阳,则矛盾统一矣。唯物学者有曰:统一是静止,否定是斗争,如:乾☰坤☷,又如:复☷姤☰,又如:鼎☲屯☵。能统一始能成既济,清焦理堂《易图略》既明此理,予又自《中庸》中发见此理。中庸之诚即成既济也,共六十二卦三十二组即焦氏之旁通图。

二、质量互变律

老子言"无",又言"一",其"无"与"一"为异名同实。几何学亦说无穷大等于零,周濂溪亦说老子得八卦之旨。盖希夷之图其数为二进位法,照二进位法,坤数为零。然八卦命数随人之思想变迁,后来有以坤为一者,详见拙著《易象》,不变只乾坤二卦,互变有三十六卦。

坤为零,则乾六爻:-1、-2、-4、-8、-16、-32,得数六十三。又据显隐之理,坤六爻皆伏阳,乾六爻皆伏阴,是乾、坤为一物之二面,如命其阴者为质,命其阳者为量,量当包体积重量。长度而言,何以乾之六爻,在上之数为一,在初之数为三十二?此因位而异也。譬如物体,热胀冷缩,重量在真空中不同,在水中在油中又不同也。

量	质				
不变		互变		互变	
☰	☷	☷	☰	☲	☵
乾	坤	复	姤	鼎	屯
63	0	32	31	29	34

乾、坤不计在内,共六十二卦即虞氏文王爻例,亦即朱子卦变图。

三、否定之否定律

乾、坤既为一物之二面，坤必伏乾，乾必伏坤，固矣。按卦变图三阳三阴之卦二十，然于图中只能排得十卦，自泰☷至益☴而止，不能变而成否☷也。其一阴五阳之卦六，由复☷至剥☷而止；二阳四阴之卦十五，自临☷至观☷而止。皆以自下者升至最上而止。一阴五阳之卦六、二阳四阴之卦十五亦然。前者以直线上升，后者以曲线上升，为三阳三阴之卦至二阳上升至益☴而止，又必继以益☴之伏卦恒☳，乃能至否☷，才得廿卦。恒☳乃否定益☴卦者也，遁此乃得成否☷。是恒☳者，否定益☴之物也，如自三阴三阳之发展视之，则益☴者又恒☳之否定也。恒☳既为益☴之否定，今第二益☴又否定恒☳，是此第二益☴为否定之否定也。此与老子之喻相似。只此益恒二卦为阴阳之交会，否定是飞跃发展所起突变。在卦变图中，三阳三阴向三阴三阳变时，益☴被恒☳否定；而三阴三阳向三阳三阴变时，第二益☴又否定恒☳。故称此为否定之否定。

邓子琴兄每劝我自己建立一个哲学系统，敬谢不敏。因为古人之观察思考，其重要部分多被后人不善保存，以至亡佚。所谓学问一事，惟位高多金善于炫鬻者，乃能取宠一时，予雅不欲与时人争名，况古人有许多义蕴钻研未竟，何能提出自己主张？近捡旧杂志，有刘少一文，谓中国当无文字时，已有卦爻，古人以此概括宇宙。在文王衍之，由宇宙缩小到人事，孔子则以此建立伦理学说，故大象皆曰"君子以"。此由广泛转入狭小之证，其言殊有特识。刘少与黄远庸、林白水为民国时期之三个名记者，不意其精思如此。李石岑之谈及《易》处，见于其《哲学概论》，吕振羽所著《中国政治思想史》，大体尚可然，其了解《易》与李石岑皆甚肤浅，只知与矛盾统一律相通，不知其余否定之否定律、质量互变律亦相通。此不足怪，彼未专究《易》义，且未着眼易图，宜其不知也。近年在璧城得山川之助，所得遂多，然舍兄等外，赏识者稀。近拟增"爻之部"，将朱子卦变图包入。朱子思想有绝胜人处，惟其三阴三阳之卦，一半误；四阴四阳之卦、五阴五阳之卦，全误。研究朱子《易学启蒙》者不乏其人，皆不之知；予则既知其误，又服其思之深，因为朱子已看出全卦可分为初阳上阳、初阴上阳、初阳上阴、初阴上阳四类，爱不能释，不忍弃置，故借三阴三阳之后半，与四阴四阳、五阴五阳以发之。盖既云一阴已包五阳在内，一阳已包五阴在内，二阴已包四阳在内，二阳已包四阴在内，不得不设法改排，而不知其反致误也。

他日得到璧城，再与兄等细谈。居易俟命，吾之志也。三次世界大战连爆发都不可能，世界大同其在一九五三年乎！

此上即颂

道安

弟李灿如再拜

庚寅（1950年）冬月初七日

致冰若老伯曼青伯母

李以质

冰若老伯、曼青伯母：

您们好！

二月底我三弟以巨来渝，返乡时我嘱他到府看望二老，并呈点薄礼,过后他未曾来信,不知二老可康健否?三妹一家也平安否?为念!

先父遗著付印一事,已得西安易求(经)研究会审稿鉴定同意出版,慧才在西安和科技出版社联系,结果他社说不是科技书,买个书号就要四千元,同时慧才忙,无时间奔跑,同时他又无法担任校对工作,叫我们在重庆付印,而重庆出版社听说不承印这类不畅销的书。现正讬人联系西师出版社,不知您老有无熟人可讬?因为现在主要是买书号,听说灵活性很大,贵就要千数,有时五百元也可买到。这种学术性的书,能得最优惠价买到书号,那就合适。不知能在西师联系得成否?令人尤念!我们打算印500—1000册,鹤雏拟于本月来渝办理,切望能印出来,也可了此心愿。

您老最关心这事,特为相告,并附上审稿鉴定一阅,以慰尊念。以上敬叩

金安!并问

三妹一家好!文彬家涑问安!

姪(侄)李以质拜

又:《易象释例》中还有几个小图(用错不用综,错综同象图,及释旁通卦图内有十六个卦的图)我以为用笔来划卦,就可以的,谁知划来不太好,只好又向您老借用木刻的八卦图章,装信内寄我一用,用后又寄还您老,由以巨弟交邮寄我,不胜感谢之至!

我因身体不好,怕风怕冷,不敢远行。不然,我亲来一趟就好办多了,又可看望两年多没有见面的二位老人,慰我孺慕之私哩!

兹讬(托)舍弟呈上蜂王浆一合(盒)、北京茯苓夹并(饼)一合(盒),聊表□□。

致刘冰若

邓子琴

冰若仁兄赐鉴：

　　最近家乡亲戚来访，扰谈十余日，前数日才离去。弟又搬迁新居四新村78舍附4号（四层楼房的第二层），在新居内整理书籍，现尚未毕。

　　关于李灿如先生遗著，据以文李大姐来函，《易象》曾寄哲学研究所，当然是石沉大海了。我对于《易象》，本寄望于兄。今兄来函言不能用，只好作罢。另外音韵方面，《五十六声势辨》是抄《东方杂志》的，就不必谈了。只有将灿如先生之诗集设法印出，还是可取的。至于写李先生的传略，最好是以前的老朋友，李大姐来函曾谈到好几位，仁兄也较熟悉。弟愿在下半年开省政协时见到周怀瑾先生，将以文寄来的申诉书当面交去，此情请兄转达。

　　至于复印的《易汉学》等，对兄研究有裨益，即令人赞悦。前日邮寄拾元，即当璧还。幸勿计此。以后需用何书，弟亦当尽力相助。

　　匆匆草此，并候署安！嫂姪（侄）并问好！

弟子琴十一日启

复李以质李以文[1]

哲学社会科学部世界宗教研究所

李以质、李以文同志:

你们寄给郭沫若著作编委会的李灿如先生所著《易象》一文,已转到我处。由于任继愈同志已赴加拿大讲学,今年五、六月方能回国,特此函问:是将稿件退还你们,还是留在这里,待任继愈同志回国后再阅处？请回函答复。此致敬礼！

世界宗教研究所科研处 1980.1.28.

《易象》审稿鉴定[2]

高瑛良

1.《易象》一书篇幅虽然不多,但内容十分丰富、完整。其中有目前多数专家认为已经失传了的《连山》《归藏》两种易卦排列图,是为研究已经的成书、发展,以及思路的形成,提供了极为珍贵的研究资料。

2.作者对各种排列图形,按《易经》原义进行解释,十分贴切。例如《连山经卦图》与"天地定位,山泽通气,雷风相薄,水火不相射"的阐述完全吻合。文图对照,一目了然。又如对《归藏经卦图》与"雷以动之,风以散之,雨以润之,日以晅之,艮以止之,兑以说之,坤以藏之"的阐述也完全一致。按气节写出一个春种、夏播、

---

[1] 整理者注:原稿上有刘冰若附记"易象释例脱稿于1984年7月上旬"一语。
[2] 整理者注:原稿文末署有"西安周易研究会学术部高瑛良 1991.2.27."一语。

秋收、冬藏的农业生产模式。这是过去许多易学研究者没有解释清楚的问题。

3.本书开篇就把《易经》在自然科学和社会科学中的应用范围讲得十分明瞭。对《易经》的科学价值作了高度的概括。

4.附录中的"积善图"用图表对人类行为的因果关系进行了度、量分析。所谓"积善人家必有余庆,积不善人家必有余殃",又云:"善不积不足以成名,恶不积不足以灭身。"和自然界中种瓜得瓜、种豆得豆出于同一原理。

5.根据《后师卦气图》绘制的《连山数码表》,使用了已绝迹多年的古数码,这对研究我国古代数学的发展史极有价值。并提出了"三百为日月相乘积,五材乘星野,五纬乘二十八宿"的数学模型。

6.附录中的"《逸周书·时训篇》物候"是易卦用于天文历法制定二十四个节气的验证表。为解开古代在观测工具十分简陋的情况下,是怎样制定精确的历法,提供了有力的证据。

李灿如先生的遗著《易象》一书是《周易》研究不可多得的重要参考资料。鉴于当时的出版条件低下,不能尽如人意,现经整理后请有关方面准予出版发行。

李灿如《易象》序[①]

高瑛良

灿如先生在一九四六年所著《易象》一书。由于年月更迭,人

[①] 整理者注:原稿文末署"西安周易研究会学术部高瑛良1990.11.12."一语。

世沧桑,至今已成为海内孤本。该书属于易学研究高层次的稀世之作。其中有不少专家们认为早已失传的"连山""归藏"两种易象排列,在书中都作了详细的介绍。余得阅此本,展读良久,方稍窥其径。原本系手稿石印本。为适应今天的印刷方法,乃挑灯数月几易其稿,将本书各幅图象重新绘制,共得图三十五幅,以供重新整理出版。

本书中有《物候图》一幅,是研究古人应用易象排列制定历法的重要佐证,是极为珍贵的科学资料。灿如先生不幸沉冤于国初。三十九年,斗转星移,终于又迎来了百花齐放的春天。先生之遗著乃得重见天日。

先生为蜀中爱国名士,青年时代与郭沫若、熊十力等人过从甚密。而先生蒙难之时正值郭君身居高位,为何竟不为先生上进一言以解脱先生于囹圄之中?殊不可解!由此可见先生之厄难亦数不可违也。

《易经》相传至今已有五千多年的记载。如果再算上伏羲氏大约也有六七千年了。秦始皇焚书都没烧《易经》。可见当时《易经》的作用是很大的。历代统治者多是"褒""贬"不一。不论怎样说,《易经》作为一门应用科学为中华民族五千年的灿烂文化是立了汗马功劳的。孔老夫子曾下过韦编三绝的功夫。但他却不信鬼神,所以也不能说孔夫子搞迷信活动。

自然科学中,我国举世无双的中医学、天文、历法、兵书战策、舟车、建筑、罗盘,张衡的候风地动仪,祖冲之的圆周率,近代刘子华的第十颗行星的预测成功,爱因斯坦的相对论,莱布尼兹的计算机,都和易经理论有密切的"血缘"关系。然而作为社会科学的易经预测却一直被认为是封建迷信,这是很不公正的。自然科学有自己的规律,社会科学也有自己的规律,二者的规律实质上是一致的,只是表现形式不同而已。我们不是常说某事件的出现是历史发展的必然规律吗?既有规律可循,就可以应用数理模型予以推断。易经的卜筮就是这种数理模型应用于人事的具体方法。所以冯友兰先生称之为宇宙当代数学是毫不过分的。

如果只承认整个社会发展的普遍规律,而不承认社会具体事物的发展普遍规律,就等于只承认铁元素的存在,而不承认铁原子的存在一样荒谬。

本书的再版为易学研究又增加了新的科学根据,刘冰若先生的论释更为本书锦上添花增色非浅。灿如先生有知,盖含笑于泉下矣!

《古韵三十五部表、古韵图》跋[1]

刘又辛

关于上古音之研究,自宋代吴才老、郑庠等人以来,至清代而大盛。顾炎武、江永、戴震、段玉裁、孔广森、王念孙、江有诰等人皆有贡献。迨至近代,黄季刚集清儒家家之长定上古韵为二十八部,学者称之,誉为清代上古研究之殿后人,盖自此而后,循清人旧轨以治音学者,已鲜能有所创新矣。弟乾嘉学者长于考据,利用书面材料以治古音,固已难出其藩篱。然当时审音之学实尚落后,故段玉裁虽发现支脂之三部之区别,竟不知其所以区分之

---

[1] 整理者注:原稿文末署"临清刘又辛公元一九八三年七月十五日于重庆北碚"。刘又辛(1913—2010),山东临清人,著名语言学家。历任西南师范大学教授、四川省语言学会副会长、《汉语大字典》编委等。

故,致引以为憾。此汉字之特质与时代之限制使然,非仅关个人之才识也。自近代欧学东渐,西欧语音学(Phonetics)引入我国,中外学者乃利用清人研究之成果,运用语音学之理论与音标符号进而拟测古音、上古音之读音。于是今音已混,而古音、上古音当为二部三部者,不但依照清人考据之学得知其然,且可从音理与音标中知其所以然,则段氏所云支脂之三部之音读釐然可辨,其后世演变之轨迹亦可一一加以解说;于是一向视为玄妙莫测的绝学,一变而为较易学习之科学。故近代古音学较之清人实已跃入一新阶段矣。在此方面贡献最大之学者,当推瑞典人高本汉君(Bernhard Karlgren),我国学者赵元任、罗常培、李方桂、王力等人。当前此学之研究正在深入发展,并由此派生为汉藏语系各语言之研究,方言学、汉语语源学等学科,展望未来,学域广阔,更非清人所可企及。此盖时代使然。故自三十年代后,除上述名家及其弟子外,究心此术、卓有所见者固所在多是。李灿如先生非专治音学者,然亦于治经之暇兼善此学,其所著述惜多遭毁散,音学方面之著作仅存《古韵三十五部表》《古韵图二图表》及手抄老圃所著《古韵五十六声势辨》一文(原载《东方杂志》第三十三卷二十四号),抄文中有按语数条而已。从此残稿推测,知李君亦究心音学,颇有卓见之士。其所制上古韵图表,盖以黄季刚之廿八部为基础,以广韵韵部为眉目,用法人巴西之语音学理论构拟上古韵部之音位,初拟定为三十五部,俟又合并为三十部,其改易之理均历历可见。李君僻处乡曲,独立钻研而步武时代,居此学之前列,此亦吾所谓卓识之又一义也。邓子琴先生素与灿如先生相知,一日率其外孙江君鹤雏来,以此二表见示,嘱为阐述其精义以备付梓。乃赘此数语,以慰李先生于泉下云尔。

整理后记

一

　　知道刘冰若这个人,应该是四十年以前了。那时,我刚从璧山师范中师毕业,分配在县西一所偏远小学。一次回县城拜访郑斗老师,摆谈中他说起过刘冰若,与璧山解放有关。印象中,郑斗老师说当时他是璧山青木关小学校长,也是中共地下组织领导的"新民社"成员,璧山县城解放的第二天,他回城来打探消息,第一个找的人就是刘冰若。后来,再次听人提起刘冰若的名字,则是文友阿兮(本名廖正华),时间应该是在2000年左右了。一次,我们在县城文庙茶馆喝茶聊天,阿兮讲起他与刘冰若的一段交往。他说,认识刘老先生是缘于刚哥的介绍。刚哥,本名刘刚,那时供职于县志办,因修志工作的需要,他了解到我们这个小县城里有一位隐逸中的"大人物"——刘冰若,那可是熊十力先生的入室弟子,也与马一浮、梁漱溟等有交集。于是,阿兮等人便前去县城北街的刘家祠堂拜访,上了刘老先生的阁楼,那里堆满了书,可能有好几万册哟,线装本的、精装本的,以古书为主,多数都是当年不曾听说,或虽听说但不曾见过的。刘老先生正在搞他的易经研究,但因眼疾视力已经很不好了,常用硬纸片画上卦象符号在那里摆弄。阿兮说，刘老先生见子女中没人愿意继承，便想收他为徒，传授《易经》，以继绝学。但当年的阿兮，还不到二十岁，痴迷着沈从文，一门心思要出外流浪。于是，这段师徒关系就此不了了之。

2011年初，我在主编《璧山县志（1986—2005）》过程中，发现"人物篇"中没有刘冰若的内容，觉得应该补上，否则将来会留下缺憾。但苦于资料难寻，无从着手。一个偶然的机会，了解到雍湘同志便是刘冰若先生的外孙女。于是找到她，寻求帮助。隔了一段时间，她给我提供了一篇刘冰若的介绍资料，我在此基础上撰写了《刘冰若传略》一文，并纳入县志人物篇中。以后，偶有机会，也常向她提出想进一步了解刘冰若经历、学术、藏书等。无奈因她小时候在外地，没与外公一起生活，加之外公早在1995年便去世了，故所知不多，我亦屡屡在失望中作罢。

二

2020年8月16日中午，雍湘同志忽然给我发来一段录音，一位老人在讲璧山解放时刘冰若与地下党组织、县委书记冷明之间的故事。我一听，非常兴奋。第二天，我约上彭雪松同志一道，在雍湘同志引荐下，见到了这位老人——万庆元。正如后来彭雪松在《刘冰若二三事》一文所描述的那样，"听说刘冰若的大女婿万庆元正在七塘镇福康养老院疗养，他很清楚刘冰若生前的情况，应明主任认为这是了解刘冰若的大好机会，迫不及待就邀约区政协副主席雍湘和我，顶着8月的酷热，欣然驱车前往""76岁的万庆元身材有些佝偻，面容清瘦，但精神矍铄，声若洪钟。听说我们的来意，他马上翻出几本老相册，刘冰若的故事就慢慢流淌出来……"。

2021年5月6日，雍湘同志向我打听璧山有没有修复破旧书籍的地方，并讲："昨天听妈妈说舅舅把外公成套的书收集去了，零散的还有两箱她收起的，都生虫腐败了。以前一直不知道，都没听她说过，不然早点保护起来。"得到这个信息，我的第一反应是：心中沉积多年的"刘冰若之谜"可能终于迎来了解谜的机会！第二天，我约区档案馆罗杨副馆长来到雍湘同志的办公室，商量刘冰若藏书的抢救保护事宜。5月17日，我根据雍湘同志提供的初步清理信息，起草了《璧山历史文化整理工程·刘冰若学术文化集》编纂方案稿。5月31日晚，雍湘同志又约请彭雪松、洪军和我，与返璧省亲的刘家珉见面茶叙。据刘家珉回忆，他在1995年暑期回过璧山（当年10月父亲刘冰若就去世了）。因那时已定下刘家祠堂要拆迁，父亲刘冰若就让他选一些藏书带走。刘家珉和父亲一起选了一部分，到邮局发包裹寄走，当时寄包裹费也贵，不舍得花这个寄费，多了也搬不动。所以，藏书中有一些民国时的新版书（实际上是装帧很好的精装版大学教材，如大部头的经济学教材等），太重，也被虫蛀了，就没有选。好像还有一套地方志，也没有选。拿出来挑过剩下的就作为废纸，让收破烂的收走了。应该还剩了一些书，刘家珉没有选医书，因他没学医，他大姐处可能之前带了一些医书过去。刘家珉在荣县工作时也带了点文史哲方面的书（解放后版本的），后来连他大学毕业后托运回内江的书一起放在他大姐处了。他大姐是将这些书放在万婆婆留下的那套房间隔板上的，不知现在还有没有。这段回忆，为我们后来的清理整理工作提供了重要信息。刘家珉返京后，还找到并给我们发来了《刘冰若自传》的部分电子文稿。

大约从2021年5月起，雍湘同志便利用工余和节假日，集中清理刘冰若遗存手稿、书信、藏书，登记造册，至11月已复印重要资料达千余页。资料清理的基本完成，为整理编纂奠定了坚实的基础。此项工作，历时半年，其间雍湘同志付出之巨，可以想见！

翻捡这些发黄的纸页，尤其令人深深感慨！雍湘同志告诉我，外公刘冰若写作《释消息卦图》诸篇时，因患白内障视力严重下降，只能通过口述，由大姨刘家荣记录。这部分手稿共近百页，用"四川省总工会重庆杨家坪工人疗养院病历付页"书写，订为五册。此时此刻，刘家荣女士离开我们已经四年了，我们对她当年的艰辛付出，十分感念！

三

大约从2021年11月起，我开始陆续整理录入，经过五个多月的努力，全书整理编纂基本完成。2022年4月中旬，由洪军同志联系印刷厂制作打印稿，并向相关人士征求意见。

4月25日，区政协文化文史学习委向何平主席报送《关于将〈刘冰若学术文化集〉列为璧山文史资料特辑交由出版社正式出版的建议》。建议中说，我委在开展璧山历史文化整理工作中，发掘到一位鲜为人知的璧山学术文化代表性人物刘冰若。半年来，我们通过刘冰若先生的后人，搜集到一批他的学术研究手稿、学人书信和收藏的古籍报章，弥足珍贵。经过雍湘、傅应明初步整理，辑录刘冰若先生有关熊十力研究、古代易学研究文章以及相关资料，拟归甲、乙、丙三集，命名为《刘冰若学术文化集》。其中，收入集中的《熊十力与璧山》一文9000余字，系首次整理面世，作者以亲历者身份回顾熊十力在川期间讲学、生活等，对于学界廓清误解与讹传具有重要的价值；《古易汉学》一文13000余字，亦系首次整理面世，作者对卦变源流和取象八法进行了详细探讨，且多有创见，在大力传承中华优秀传统文化的今天，无疑具有重要的意义与价值；而围绕巴蜀易学名家李灿如《易象》展开的系列研究与阐释，更是体现了作者在易学研究上的鲜明学术思想和卓异学术成绩。为了深入挖掘璧山历史文化，提升璧山历史文化的传播度与影响力，学习借鉴合川区政协和北碚区政协的先进经验，我们建议将《刘冰若学术文化集》列为璧山文史资料特辑，交由西南大学出版社正式出版。区政协何平主席对此高度重视并给予热情支持！

在整理编纂过程中，李小红、彭雪松、洪军等同志承担了许多具体工作。进入出版环节后，西南大学出版社段小佳同志等提供了诸多指导和帮助。

值此即将付梓之际，特向区政协何平主席等各位领导和区政协机关各委室、西南大学出版社以及刘冰若先生亲属万庆元、刘家瑶、刘家珉等致以衷心感谢！整理编纂中存在的缺点与错误，敬请读者朋友批评指正。

傅应明
2022年6月14日于璧城登云山麓